栄東高等学校

SAKAE HIGASHI SENIOR HIGH SCHOOL

SCHOOL GUIDE

競泳世界ジュニア大会→金メダル
背泳ぎ→ハワイ、ペルー大会２連覇

国際地理オリンピック→銀メダル
国際地学オリンピック→銀メダル
気象予報士試験合格

最年少!! 15歳
行政書士試験合格

全国鉄道模型コンテ
理事長特別賞

東京オリンピック第４位
アーティスティック スイミング

チアダンス
東日本大会優勝

栄東の誇るサメ博士
サンシャインでトークショー

栄東のクイズ王
東大王 全国大会 日本一!!

産経国際書展 U23大賞

〒337-0054 埼玉県さいたま市見沼区砂町2-77（JR東大宮駅西口 徒歩８分）
◆アドミッションセンター TEL：048-666-9288 FAX：048-652-5811

CONTENTS

Success15 12

https://success.waseda-ac.net/

サクセス15
December 2023

Special School Selection

東京都　国分寺市　共学校

早稲田実業学校《わせだじつぎょうがっこう》高等部

School data

所在地：東京都国分寺市本町1-2-1
アクセス：JR中央線・西武国分寺線・西武多摩湖線「国分寺駅」徒歩７分
生徒数：男子700名、女子382名
ＴＥＬ：042-300-2121
ＵＲＬ：https://www.wasedajg.ed.jp/

- ２学期制
- 週６日制
- 月・火・木・金６時限、水・土４時限
- 50分授業
- １学年８～９クラス
- １クラス約40名

大学のその先を見据え輝くための強みを見つける

早稲田大学の系属校である早稲田実業学校高等部。大学の学びにつながる取り組みや多様な国際交流プログラムなどを通じて、人生の土台となる力を身につけられます。

文武両道の校風のなか人生の土台を築く

1901年に創立された早稲田実業学校高等部（以下、早稲田実業）。校是に「去華就実《きょかしゅうじつ》」、校訓に「三敬主義」を掲げています。「去華就実」は、見た目の華やかさよりも中身を重視することを意味し、社会に貢献しうる人格の育成をめざすものです。そして「三敬主義」は、人を理解して敬意を持って接する、自分のいいところも悪いところもしっかりと知る、様々な事物に対して真摯に取り組む、といった意味が込められています。

恩藏《おんぞう》直人校長先生は「これまでも、おりに触れて校是や校訓について生徒に伝えてきました。本校にとって大切なものですから、今度、書道部の生徒たちにしたためてもらって、校内に掲示しようと考えています。自分たちが書いたもの、仲間が書いたものであれば、より身近に感じてさらに心に刻んでくれるのではないかと思います」と話されます。

また、文武両道が早稲田実業の校風です。学業はもちろんのこと、部活動をはじめとした自分の好きなことにも、高3まで思う存分に取り組めるのが、早稲田大学（以下、

恩藏《おんぞう》 直人《なおと》　校長先生

早稲田大）に推薦入学できる系属校としての魅力でしょう。

「人生は学校を卒業し社会人になってからの方がはるかに長いです。そこで輝くための土台を築くのが中高時代です。6年間で自らの強みとなるものを見つけてくれたらと願います。

また、時代はどんどん変化しています。その変化を敏感に感じ取って、変化にのまれるのではなく、対応できる力を身につけなければならないという『危機意識』を持ってほしいですね」（恩藏校長先生）

独自の取り組みで多くの力を身につける

早稲田実業では、高1を共通履修とし、高2から文系、理系に分かれます。どのような進路に進むとしても大切にされているのは、分析力や構築力、発想力を鍛えること。これらの力は、将来リーダーとなるために必要だと同校ではとらえています。

「もちろん知識を習得することも大事ですが、いまはインターネットで調べれば、すぐに情報が得られる時代です。ですから目の前にある問題や情報を分析し、自ら考え解決策を生み出していく。こうした力も身につけなければならないのではないでしょうか」と恩藏校長先生。

では、実際にどのような学びが展開されているのか、総合的な探究の時間を例にみてみましょう。

高1では「食堂メニューを創ろう」「早稲田大学について知る」を実施。

班ごとにテーマを設定し、食堂のメニューを考える取り組み「食堂メニューを創ろう」では、フードロスを出さないよう、またメニューを提供する企業の採算がとれるようにと、複数の角度から考察していきます。生徒たちは「旅行気分を味わえるもの」「スタミナ向上飯」といったそれぞれの考えを活かしたメニューを考案。優秀メニューに選ばれたものは、実際に食堂で提供されるという楽しみも

施設

５万5000㎡の敷地に、様々な施設がそろっています。学業に部活動、行事、そのどれにも思いきり取り組める環境です。

グラウンド

図書館

生物実験室

CALL教室

プール

弓道場

トレーニングルーム

茶道室

小室哲哉記念ホール

食堂

あります。

「早稲田大学について知る」では、早稲田大で学ぶ卒業生にインタビューをして同大学の魅力をまとめ、ポスターセッションをします。発信力が磨かれると同時に、身近なロールモデルである先輩の存在が、その後の学びへのモチベーションを高めることにもつながっています。

高2では、「早実セミナー」が用意されています。「言語学への招待」「シェイクスピアを探せ！」（人文科学系）、「政党を作ろう」「社会学的に考える」（社会科学系）、「エネルギーと環境問題」「自然現象をモデル実験などで科学的に考察する」（自然科学系）など、様々なテーマの講座が、少人数のゼミ形式で実施されます。なかには早稲田大の先生の協力を仰ぐものもあります。自らの興味関心に沿って選び、そのなかで1人ひとりが課題を設定し、探究活動を行います。

高3になると、早実セミナーでの学びを活かし、3年間の集大成として、卒業論文の執筆や作品の制作に取り組みます。

　こうした知的好奇心を刺激する独自の活動によって、早稲田実業生は主体的に学ぶ姿勢を身につけるとともに、多くの力を養っています。

英語での発信力も育成 異文化に触れる機会も

　また早稲田実業は、自らの考えを英語で表現する力を鍛えられる環境でもあります。英語の授業では、高い語彙力を身につけたうえで、プレゼンテーションやエッセイライティングにも挑戦し、英語での発信力を伸ばします。このように確かな英語力を養う教育が実践されていることから、高等部在学中に英検準1級や1級を取得する生徒も少なくありません。

「私が校長として考えているのは、英語を使って歴史や公民などを学習する授業をスタートさせたいということです。いま、早稲田大でも英語で専門分野を学ぶ授業が増えています。高校時代に英語『で』学ぶ経験をすれば、大学進学後、さらに力を伸ばせるはずです」と語る恩藏校長先生。

　今後、新たに英語で他科目を学習するようになれば、早稲田実業の教育力がさらに高まることは間違いないでしょう。

　また、多彩な国際交流プログラムが用意されているのも魅力です。1年間留学した場合でも、留学先での学習成果が認められれば、もとの学年に復学し、3年間で高等部を卒業することが可能です。

「生徒には大学入学前に、親元を離れて異国で過ごす経験をしてほしいと思います。石造りの建物から歴史の長さを、地平線の見える農地からその広大さを感じるなど、異文化に身をおき、実際に触れて体験する。実際に行ったからこそ得られるものが、必ずあるはずです。

　加えて、一度異文化に触れておけば、海外に行くことへのハードルが下がります。そうすれば、大学での留学や社会人になってからの海外転勤などにも挑戦しやすく、自らを成長させる効果も高まるのではないでしょうか」（恩藏校長先生）

丁寧な進学指導で 自分に合った道を探る

　前述の通り、早稲田大の系属校

授業

1コマ1コマ真剣に臨む早稲田実業生。ICT機器を活用して学ぶ機会も豊富です。

国際交流

海外の同世代と触れあう経験は、生徒に大きな刺激を与えます。

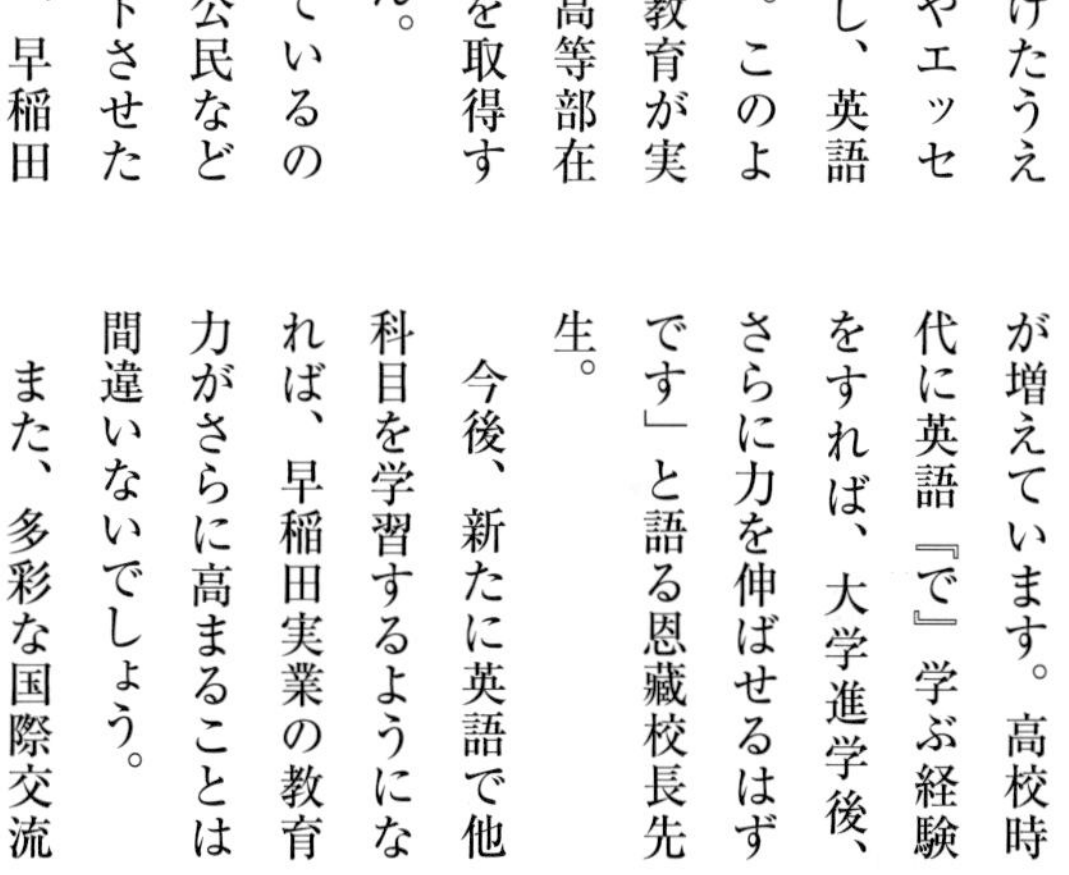

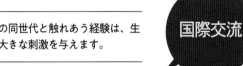

である早稲田実業。進学にあたっては、入学後のミスマッチが起きないよう、丁寧な指導がなされています。

恩藏校長先生は「進学する学部を選ぶ際に意識してほしいのが、自分の知らない学問分野があるということです。私は早稲田大商学部の教授でもあり、マーケティングを専門としています。マーケティングは、商業高校に設置される科目であるため、原則として本校では扱いません。学んだことがない学問分野があると知ったうえで、自ら進むべき道を探ってほしいですね」と話されます。

早稲田大を含め、大学で学べる学問としては3種類あると恩藏校長先生は続けます。

「1つ目は数学や歴史など高校までに学習している科目を高度に学ぶもの。2つ目は法律など、科目としては触れていないものの普段の生活から想像がおよぶ範囲のもの。3つ目はマーケティングなど、科目としても勉強したことがなく日常生活からも予想がつきにくいものです。

このように、大学では色々な分野を学ぶことが可能だと理解し、幅広い選択肢のなかから自分に合った学部を選んでもらいたいと思います」

こうした考えから、早稲田大による学部学科説明会の実施に加え、将来なにをしたいのか、その仕事のためにはどのような学問を学ぶべきか、担任が生徒と面談を重ね丁寧に聞き出していきます。

また、前述した高2の探究活動を行う早実セミナーのような授業も、将来やりたいことを探る手助けになっています。

早実セミナー以外にも「初級会計学」など、大学での学びにつながる選択授業が用意されているのが特色です。初級会計学の受講をきっかけに日商簿記検定試験の勉強を始め、大学生のうちに公認会計士の資格を取るといった卒業生も毎年いるそうです。そうした先輩たちから話を聞く場も設けられ

行事

いなほ祭（文化祭）をはじめとした多彩な行事が実施されています。早稲田実業生は、卒業まで行事にも全力を注ぎます。

いなほ祭

体育祭

沖縄教室

校外教室

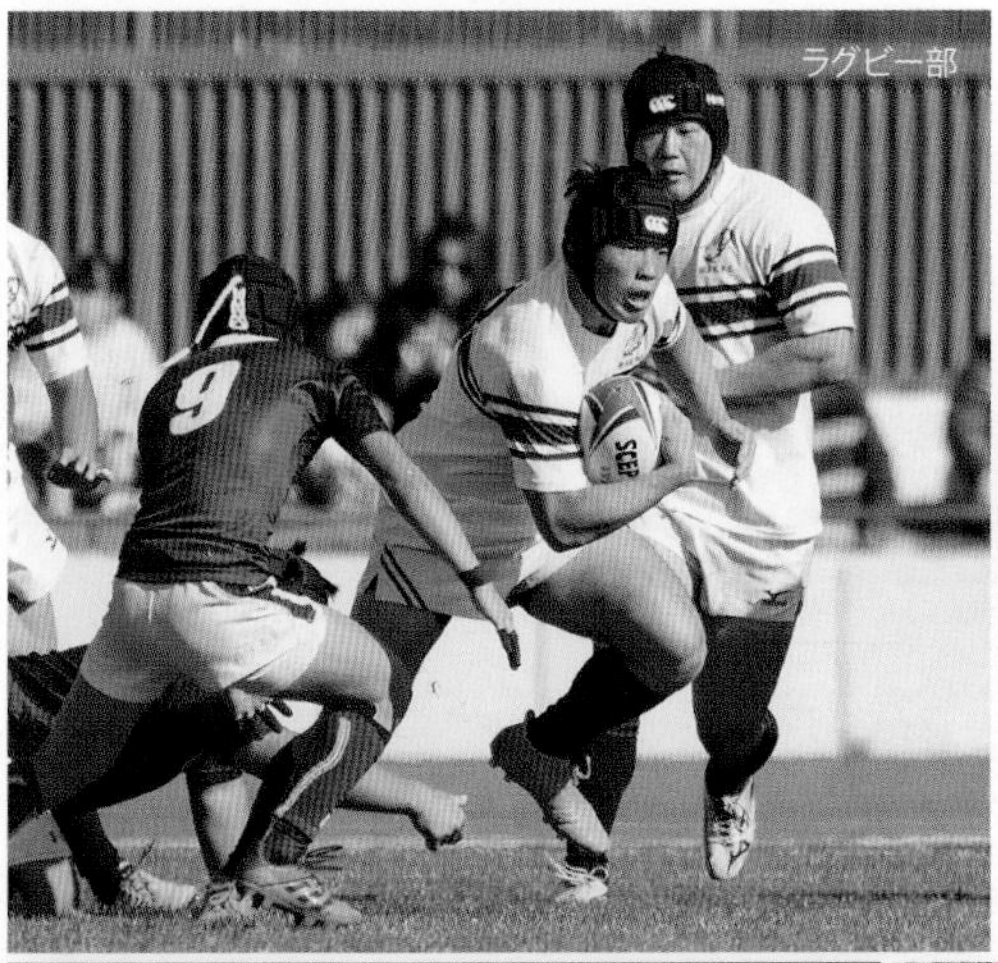
ラグビー部

部活動

25の運動部、12の文化部、8つの同好会が活動しています。仲間と力を合わせる経験を積みながら、自分の強みを見つけていきます。

数学研究同好会

書道部

吹奏楽部

ゴルフ部

少林寺拳法部

ており、そこでも生徒の学習意欲が喚起されているのでしょう。

学力とともに人間力を伸ばせる

さて、早稲田大の教授である恩藏校長先生は、校長就任前から、早稲田実業の卒業生をゼミ生として迎え、なじみがあったといいます。その印象をうかがうと「学力はもちろんのこと、プラスアルファの強みを備えている学生が多いと感じていました。文武両道の校風がそうした生徒を育てているのでしょう。早稲田実業の生徒には今後も、勉強だけでなく色々なことに挑戦し、精神的にも人間的にも成長していってもらいたいと思います」と話されます。

将来を見据えながら、そこで輝くための力を養える早稲田実業。大学受験にとらわれない魅力的な教育が実践される一方で、自分の好きなことにも打ち込める環境が整っています。

「生徒1人ひとりに居場所があり、だれもが早稲田実業を好きだと言える、そんな学校でありたいと考えています。まず学校に行きたいと足が向くことが大切ですからね。

最後に中学生のみなさんに次の言葉を贈ろうと思います。『才能の差は小さいが努力の差は大きい。継続の差はもっと大きい』。アメリカから伝わった言葉だと言われています。いま高校受験に向けて積み重ねている努力は、必ずみなさんの力となり、成長につながります。そして、これからの努力も将来に活かされていくはずです。そのことを忘れずに、コツコツと頑張りましょう」（恩藏校長先生）

■2023年3月卒業生　早稲田大学推薦入学状況

学　部	進学者数
政治経済学部	65
法学部	33
文化構想学部	25
文学部	20
教育学部	42
商学部	55
基幹理工学部	29
創造理工学部	16
先進理工学部	23
社会科学部	50
人間科学部	4
スポーツ科学部	2
国際教養学部	11

写真提供：早稲田実業学校高等部　※写真は過年度のものを含みます。

Cambridge Assessment
International Education
Cambridge International School

サレジアン国際学園高等学校

SALESIAN INTERNATIONAL SCHOOL

学園祭も貴重な学びの場
アカデミックな雰囲気も大きな魅力

サレジアン国際学園高等学校は、特色のある2つのコース制をとっています。そのどちらも主体的に学ぶ姿勢を養うことを大切にしており、学園祭もそうした学びの貴重な場となっています。

本科コース、グローバルスタディーズコースの2コース制

昨春から共学化、校名変更したサレジアン国際学園高等学校（以下、サレジアン国際学園）。

「21世紀に活躍できる『世界市民』を育てる」ことを掲げ、「言語活用力」「考え続ける力」「コミュニケーション力」「数学・科学リテラシー」「心の教育」という「5つのチカラ」を重視しています。

この「5つのチカラ」を、PBL(プロジェクト・ベースド・ラーニング)型授業を中心に培っています。

今春、2期生を迎え、募集広報部部長の尾崎正靖先生は「1期生よりもさらに本校の教育について理解を深めた生徒が入学してくれました。本校には『本科コース』『グローバルスタディーズコース』という2つのコースがあります。本科コースは、例えば探究活動への興味関心が強いなど、やりたいことがしっかりとある生徒が、グローバルスタディーズコースは英語についての意欲が高い生徒が多いですね」と話されます。

本科コースは、サレジアン国際学園の一番の特徴であるPBL型授業を軸に、「個人研究」という探究型授業などを通して、生徒自身が社会問題などに対して問いを設定し、その問いに対して自ら学び、考え、発信していく力を身につけることができます。

PBL型授業といっても、特別な授業時間があるのではなく、すべての教科において、普段の授業中に教員から投げかけられた問いについて、生徒たちがグループを組んで答えを考え、発表するという流れで実施されるものです。PBL型授業を通して、サレジアン国際学園生は「考える」ことを習慣化させていきます。

個人研究は、いわゆる大学のゼミナール形式の授業で、開講されている講座から自分の興味関心があるものを選び、研究方法を学びながら、自ら設定した課題の解決に向かって研究をしていくというものです。

グローバルスタディーズコースは、「英語で考え、英語で伝える」ことのできる実践的な英語力を養うコースです。サレジアン国際学園は、イギリスの名門大学・ケンブリッジ大学の関係機関・ケンブリッジ大学国際教育機構による認定を受けた「ケンブリッジ国際認定校」で、グローバルスタディーズコースでは、ケンブリッジのテキストを使用した、レベルの高い英語授業が行われています。

もちろん、グローバルスタディーズコースでも、PBL型授業は各教科において取り入れられています。

また、本科コースの個人研究と同じような探究学習「国際探究」があり、こちらは最終的に英語で論文を執筆します。

学園祭も貴重な学びの場に

サレジアン国際学園では、今年は10月8・9日に開催された学園祭（文化祭）もそうした学びの場の1つととらえられています。

「本校は『主体的に学ぶ』ことを大切にしている学校です。学園祭は、それを体現する行事でもあります」と尾崎先生。

文化祭というと、中高一貫校の場合は、中学生は学習発表で、高校生は模擬店や音楽ライブ、演劇などを想像するかもしれませんが、サレジアン国際学園は、本科コース、グローバルスタディーズコースそれぞれの個人研究、国際探究の発表がメイ

A・B：本科コースのポスターセッション　C：本科コースのプレゼンテーション　D：グローバルスタディーズコースのプレゼンテーション

ンです。

本科コースは、この時点までの研究成果をまとめたポスター発表を全員が行います。その中から優秀な研究については、プレゼンテーションの場も用意されています。

グローバルスタディーズコースは、国際探究・航海型探究学習の研究内容を全員が英語でプレゼンテーションします。

「今年は、新型コロナウイルスも含めた諸事情により、広く一般からの来場者に入っていただくことはできず、在校生、受験生とその保護者がおもな来場者でした。しかし、ポスターセッションにしても、プレゼンテーションにしても、そうした来場者との質疑応答などが様々な場所で見られ、非常にアカデミックな雰囲気の学園祭になりました」とうれしそうに尾崎先生は振り返られます。

前身の星美学園高等学校時代には、地域の方との交流を大事にしており、学園祭には地元のお店の出店などもあったそうです。

「そうした交流もコロナ禍で難しかったこの数年ですが、今後はそういった地域の方々との交流も復活させていき、より多くの方にご来場いただくことで、生徒の発表のブラッシュアップの機会にもなること」（尾崎先生）が今後期待されています。

このように、それぞれに特色ある2つのコースで21世紀に活躍できる「世界市民」を育てるための教育を実践しているサレジアン国際学園。

上智大学との高大連携事業が始まり、フィリピンの姉妹校との交流が来年3月に再開するなど、これからも教育内容はますますブラッシュアップされていきます。

本科コース、グローバルスタディーズコースのどちらも、PBL型授業や探究活動で自ら学び、考え、発表する力を磨くことができるサレジアン国際学園。

興味がある受験生のみなさんは、ぜひ学校に足を運び、その雰囲気を味わってみてください。

学校情報〈共学校〉

所在地：東京都北区赤羽台4-2-14
アクセス：JR「赤羽駅」徒歩10分、地下鉄南北線・埼玉高速鉄道「赤羽岩淵駅」徒歩8分
TEL：03-3906-7551（入試広報部直通）
URL：https://www.salesian.international.seibi.ac.jp/

受験生対象イベント日程〈要予約〉

学校説明会・入試傾向解説会
11月18日(土)14:00〜

※社会情勢等により中止・変更の場合があります。詳細はHPでお知らせします。

注目の1校！

HŌYŪ-GAKUIN
HIGH SCHOOL

朋《ほう》優《ゆう》学《がく》院《いん》高等学校

2022年度より新コース設置
高校単独校としてさらなる高みへ

共学校

附属中学校を持たない高校単独校として、独自の進化・発展を遂げてきた朋優学院高等学校。生徒の学力レベルが上昇していることを受けて、2022年度から新しいコース編成がスタートしました。

最難関大学をめざすコースを新設

「自立と共生」を教育理念に掲げ、主体性と協調性を併せ持つ人材を育成する朋優学院高等学校（以下、朋優学院）。この理念について佐藤裕行校長先生は「近年はとくに『自立』に重きをおいています。本校は私立の一貫校とは違い、公立中学校からの進学者が多く、もともとその中学校で優秀な成績を収めていた生徒がほとんどです。そうした生徒たちが、卒業後は未来をけん引する人材となるために必要な自主性を養っています」と話されます。

そんな朋優学院は、在籍する生徒のレベルや社会情勢に合わせて変革を続けてきました。2001年の共学化をはじめ、2010年には国公立大学の現役合格をめざす「国公立コース」を新設。着実に進学実績を伸ばし、2022年度からはさらに高い目標を据えた「国公立TGコース」をスタートさせました。

「これまでは、高1で『国公立コース』と『特進コース』の2つに分かれ、高2進級時に改めて選び直したうえで文系・理系に細分化する形をとっていました。しかし、生徒の学力水準が上がるにつれて『国公立コース』在籍者の比率が高まり、学校全体を引っ張っていくという意味でも、東京大学や京都大学をめざす最上位コースを設置しようと考えました」と佐藤校長先生。

3年間で効率的に目標達成をかなえる

これらのコースのうちどこに属するかは、入試結果によって振り分けられます。なお「国公立TGコース」のみ5教科入試が課されます（ほか2コースは3教科入試）。出願時はコースを選択せず、3教科で受験するのか5教科で受験するのかを選びます。1年次はどのコースも共通カリキュラムで授業を行うため大きな

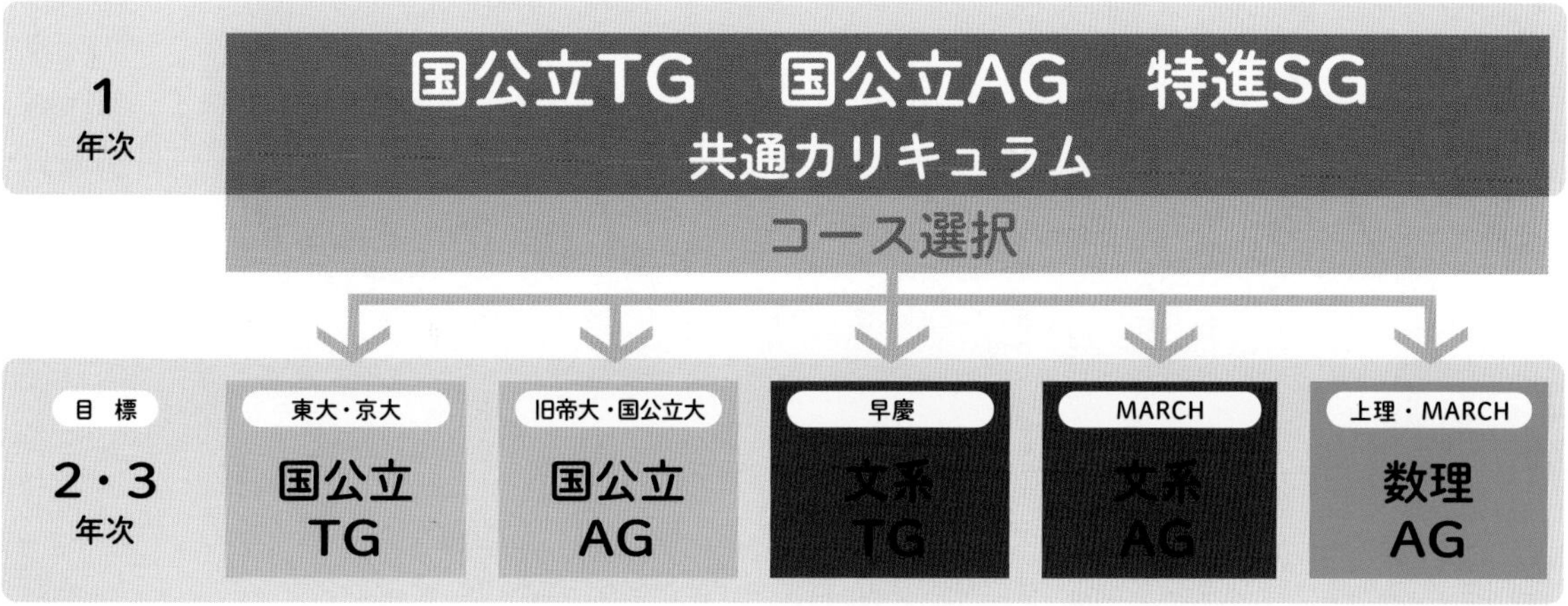

差はありません。

このように高1からコースを分ける意図を佐藤校長先生は「早いうちから大学進学を意識してほしいという狙いがあります。ただ、高校受験の時点で自分がどんな大学を志望するか、ということまで絞るのは難しいでしょう。

そのため、高1で学期ごとに進路ガイダンスを行い、個人面談も定期テストごとに実施するなど手厚い進路指導を行ったうえで、全員がコースを選び直せる形にしています」と説明されます。

高2進級時に全員が同じ基準で行うコース選択では、クラス数は決まっておらず、年度によって変わります。成績で機械的に振り分けるのではなく、生徒の希望と各コースごとの成績基準も考慮されるため、高1での学習への取り組みも重要です。高1で自らの適性を見極めつつ学力を高め、高2でコースが決定してからは目標進路の達成に向けて集中できる、効率的なコース編成になっています。

伝統に縛られず 社会に合わせて変化

朋優学院が進化させてきたのは学力面だけではありません。学校行事や校則も時代に合わせて柔軟に変えてきました。学校行事や部活動の取り組み方も徐々に生徒主体のスタイルへと変更しており、そうした活動のなかで「自立」を促しています。

「かつて禁止されていた、文化祭での調理を伴う出しものや物販も現在はできるようになりました。その結果、『どうすれば魅力的に見えるのか』『どうしたらもっと売れるのか』と生徒は工夫を凝らしてくれています。

部活動は土日を含んで週4日までの活動に限定しており、文『部』両道しやすい環境となっています。そのため全校生徒の約80%が加入しています」（佐藤校長先生）

加えて、生徒指導においては「ルールだから」と一律で禁止するのではなく「なぜやってはいけないのか」を考えさせることを重視しているといいます。社会通念に合わせてルール自体もつねにアップデートし続け、卒業後も活躍するために必要な素地を養っているのです。

最後に、佐藤校長先生から読者のみなさんにメッセージをいただきました。

「受験生のみなさんには、志望校を選ぶ際に偏差値だけを重視せず、自分に合っている学校かどうかをよく考えてほしいと思います。本校は、自立した学校生活を送りたい生徒さんにぴったりの学校です。与えられた自由をしっかりと活かして充実した3年間を過ごしたい、という意思を持った方に入学してもらえたら嬉しいです」

Event Schedule

オープンスクール　11月25日（土）

オンライン説明会特設ページ

説明会はオンラインで実施しており、個人情報の入力・予約なしで、いつでも好きな場面を視聴できます。実際に朋優学院を見たい受験生は時間制・完全予約制のオープンスクール（見学会）をご利用下さい。

日時・内容は変更の可能性があります。学校HPでご確認ください。

School Data

住　所：東京都品川区西大井6-1-23
ＴＥＬ：03-3784-2131
アクセス：JR横須賀線・湘南新宿ライン「西大井駅」徒歩10分ほか
ＵＲＬ：https://www.ho-yu.ed.jp/

公立高校 WATCHING

神奈川県立
柏陽《はくよう》高等学校（共学校）

豊かな人間性を育み次代が求めるリーダーを育成

JR根岸線「本郷台駅」から徒歩5分。地元の方々にも愛される神奈川県トップレベルの進学校、神奈川県立柏陽高等学校。現状に満足することなく、生徒の夢の実現に向けて進化を続けている学校です。

「授業の柏陽」をスローガンに工夫された授業を展開

1967年、名門校をめざすという高い目標のもとに創立された神奈川県立柏陽高等学校（以下、柏陽）。2002年に神奈川県立高校では初のスーパーサイエンスハイスクール（以下、SSH）に指定され、2018年からは学力向上進学重点校に指定されるなど、受け継いできた伝統を大切に守りながら時代の流れに即した教育を実践しています。

「本校がめざすのは、将来の国際社会で活躍するリーダーの育成です。時代とともに社会から求められるリーダー像は変わっていきますが、なにごとにも諦めずに前向きに取り組む姿勢といった不易な部分は、いつの時代でも必要とされますので、ぜひ高校時代に身につけてほしいと思います。将来のリーダーになりうる高い資質・能力を持った生徒たちなので、学力だけでなく、これからは自分自身の考えをしっかりと持ち、自己を確立していくことが大切だと伝えていきたいです」と今年度より校長に就任された野沢重和先生は語ります。

「授業の柏陽」をスローガンに掲げ、教科ごとに工夫された授業が特徴の柏陽。教育の基盤は日々の授業にあるという考えのもと、すべての教科で65分授業を実施し、通常の1・3倍の時間で1・5倍の効果を生み出そうと、教員たちは気概を持って生徒とともに中身の濃い授業を創り上げています。

高3まで一部の選択科目を除いて全員が共通の必修科目を学ぶため、

所在地：神奈川県横浜市栄区柏陽1-1
アクセス：JR根岸線「本郷台駅」徒歩5分
生徒数：男子513名、女子433名
TEL：045-892-2105
URL：https://www.pen-kanagawa.ed.jp/hakuyo-h/

⇒ 2学期制
⇒ 週5日制（土曜講習あり）
⇒ 月～金5時限
⇒ 65分授業
⇒ 1学年8クラス
⇒ 1クラス約40名

国公立大学の受験に対応できるカリキュラムが設定されている点も柏陽の大きな特徴といえます。

　また、授業以外の土曜講習や長期休業中の「実力アップ講習」も充実しています。今夏は高1の補習講座から高3の大学受験対策講座まで約40講座を実施。土曜講習は基礎学力の定着や応用力の育成を目的に1年を通して行われており、生徒たちは部活動と両立しながら、忙しくも楽しい高校生活を送っています。

野沢《のざわ》 重和《しげかず》　校長先生

グローバル教育のベースは英語の授業にあり

　柏陽は、グローバル教育と探究活動を2本柱にして教育目標の実現をめざしています。その1つであるグローバル教育では、以前より海外研修や海外留学生の受け入れなどを積極的に行っており、今後それらをさらに推進するにあたり、まず重きをおくのが英語の授業です。使える英語を身につけることをめざす柏陽では、全学年が授業のなかで積極的にディベートを取り入れ、4技能統合型授業を実践し、コミュニケーション力や発信力を育んでいます。その成果が表れたのが4年ぶりに開催されたアメリカ・メモリアル高校との交流会。柏陽生たちは来校した14名の生徒と、3日間、楽しく交流したそうです。

　「前回と同じ先生が引率されていたのですが、『今回の柏陽はとてもフレンドリーで最高でした』とおほめの言葉をいただいたんです。前回とどこが違ったのかと教員たちと考えたとき、その答えは日々の英語の授業でした。ディベートで意見を言いあうことが当たり前になっていたので、英語を話すことへの抵抗感が薄れたようです。

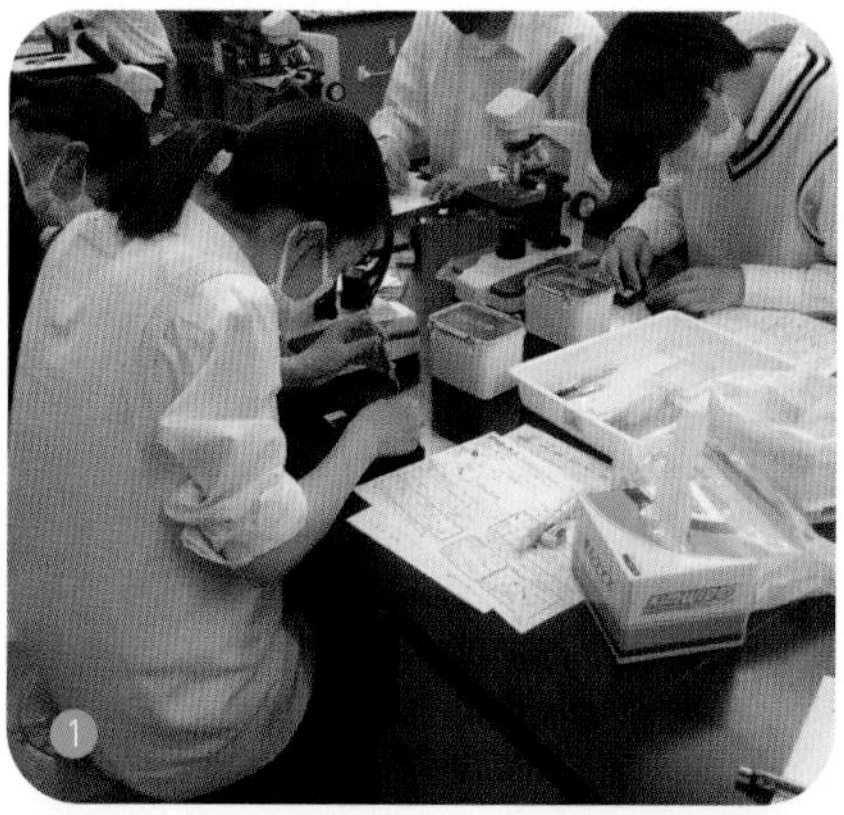

①

②

③

④

⑤

⑥

[授業・講習・講座]　65分授業で①理科実験も充実。ほかの教科でも、②③グループ学習を多く取り入れた授業を行っており、土曜日や長期休業中には学力の定着、向上を目標とした④実力アップ講習が行われています。また、⑤キャリアアップ講習や⑥探究活動では、柏陽の特徴ある教育が行われています。

［行事・部活動］ 柏陽の三大行事は①体育祭、②文化祭、合唱祭。４年ぶりの開催となった③メモリアル高校との交流は、生徒にとっていい刺激になったようです。④Fun Fun Debate Competition（ディベート大会）や⑤Global Studies Programも恒例行事になっており、部活動は、文化部と運動部（⑥ソフトボール部）合わせて31部１同好会があります。

コロナ禍の4年間に地道にコツコツとやってきた『授業の柏陽』の成果が発揮できた瞬間でした」と嬉しそうに野沢校長先生は話されます。

ディベートは授業だけでなく、「Fun Fun Debate Competition」という学校行事に発展し、3月に高1・高2の全員が参加して行われています。昨年度は「日本の高校では英語教育よりAI技術教育を優先すべきである」というテーマ（原文は英語）でディベートを繰り広げました。また、今夏には、英語による自己啓発型講座「Global Studies Program」やシンガポール国立大学、スタンフォード大学での海外研修が希望者を募って開催されるなど、本格的なグローバル教育が再開しています。

オリジナルの探究活動で未来を拓く力を育成

もう1つの教育の柱として力を入れている探究活動。SSHでの取り組みをベースに、新カリキュラムに合わせてブラッシュアップし、新たに探究プログラムとして生まれたのが「科学と文化」です。高1の「科学と文化Ⅰ」では、オリジナルテキスト『Support Book』を用いて探究活動に必要な基礎力を身につけます。高2の「科学と文化Ⅱ」では、自ら課題を発見し、その解決に向けて仮説を立て、仲間と協力して検証・考察し、最後は探究の成果をプレゼンテーションする本格的な探究活動が行われています。今年度は高2全員が93のグループに分かれてそれぞれに個性豊かな探究活動に取り組んでいます。さらにAI評価ツールを用いて生徒の探究力、いわゆる見えない学力を定量化する測定方法を今年度から導入するなど、これからの時代に対応した試みも進めています。

また、最先端の技術などに触れる「キャリアアップ講座」も魅力的なプログラムです。探究活動とキャリア教育を兼ねた取り組みとして実施されており、高3の生物

※1 DNAの塩基配列から動物の種を特定する方法のこと。
※2 正式には「東京大学大学院理学系研究科附属臨海実験所」、「三崎臨海実験所」は通称。

の授業では「動物分類実習」を行っています。動物のＤＮＡの塩基配列を解読して分子系統樹を作成し、並行してＤＮＡバーコーディング（Ｐ16※１）を行い塩基配列から動物の種を特定するという内容です。

今年度は、４月に東京大学三崎臨海実験所（Ｐ16※２）で行われた臨海実習を皮切りに、10月下旬の実習のまとめまで継続して様々な実験・実習が行われました。このような高度な実習が行えるのもＳＳＨとしての歴史が背景にあることはいうにおよびません。

穏やかな校風のもと　ブレずに目標をめざす柏陽生

柏陽では、昨年度、生徒の約40%が国公立大学へ進学し、今年度入学生の97%が国公立大学への進学を第１志望としています。それらをふまえて今後の進路指導について野沢校長先生にうかがうと、「いま教員たちが熱心に取り組んでいるのが生徒に高い志望を持たせることです。国公立大学をめざすことは当たり前になっているので、あとはいかに高い志望を持たせ、実現させるか、それが我々教員の使命だと思っています」と力強く答えていただきました。

その目的を達成するために今年度より導入したのが「マイストラテジー（進路ノート）」。主体的な勉強の進め方や志望校の決定理由などを明文化させ、目標をはっきりさせるためのもので、これをもとに個人面談などを進め、「高い志望」へと生徒を導いていきます。

また、従来から行われている「東大in柏陽」、「東工大in柏陽」といった卒業生の教授による難関大学へのガイダンスなども引き続き行っていきます。

「能力を最大限に発揮し、創造的な態度でことにあたる」という校訓のもと、限られた時間のなかで、勉強、行事、部活動にバランスよく取り組む柏陽生。最後に野沢校長先生より柏陽をめざすみなさんへのメッセージです。

「本校は、おだやかで優しい生徒が多いので、とても過ごしやすい学校だと思います。本校をめざすみなさんには、部活動、探究、海外研修、もちろん勉強、どんなことでもいいので、ぜひ『柏陽に入ってやりたいこと』を明確に持って入学してほしいと思います。そうすれば必ずすばらしい体験が待っています。それを支える先輩たち、教員たちがいますので、ぜひ柏陽で充実した高校生活を送っていただければ嬉しいです」

[施設] ①グラウンドのほか、体育館やプールを完備。②キャリアルームは大学案内や大学入試問題集などがある自習室です。

写真提供：神奈川県立柏陽高等学校　※写真は過年度のものを含みます。

■2023年３月　大学合格実績抜粋（　）内は既卒

国公立大学		私立大学	
大学名	合格者	大学名	合格者
北海道大	10（0）	早稲田大	103（6）
東北大	3（0）	慶應義塾大	35（4）
筑波大	5（1）	上智大	45（8）
千葉大	11（2）	東京理科大	87（20）
東京大	1（1）	青山学院大	83（11）
東京外国語大	3（0）	中央大	62（9）
東京工業大	8（0）	法政大	120（24）
一橋大	2（0）	明治大	213（29）
お茶の水女子大	6（1）	立教大	78（4）
京都大	2（0）	学習院大	15（1）
大阪大	1（0）	北里大	21（4）

ワクワクドキドキ
熱中部活動

芝浦工業大学附属高等学校《しばうらこうぎょうだいがくふぞく》
電子技術研究部

自分のやりたいことを とことん追求できる環境

芝浦工業大学附属高等学校の電子技術研究部は、生徒たちがやりたいことをとことん追求できる部です。同時に、160人近くが所属する大きな組織のなかでの立ち振るまいも学んでいきます。

今回紹介してくれたのは

高2 副部長 加藤《かとう》 未来翔《みきと》さん

高2 副部長 飯尾《いいお》 怜央《れお》さん

高2 部長 八木《やぎ》 俊典《しゅんすけ》さん

School information
所在地：東京都江東区豊洲6-2-7　アクセス：ゆりかもめ「新豊洲駅」徒歩1分、地下鉄有楽町線「豊洲駅」徒歩7分
TEL：03-3520-8501　URL：https://www.fzk.shibaura-it.ac.jp/

よりよいものをめざして探究を続ける

芝浦工業大学附属高等学校（以下、芝浦工大附属）の電子技術研究部は、中高生合わせて約１６０人が所属する大規模な部活動です。

その電子技術研究部を部長として引っ張る八木俊典さんが、活動の内容を話してくれました。

「自分たちでやりたい企画を探して、それに合ったプロジェクトを選択します。現在は16のプロジェクトがあり、大会やコンテストの出場、定期的に開く講座での発表など、それぞれ目標を定めて活動しています」

プロジェクトには、直近の世界大会（フランス）で優勝した「ロボカップジュニアサッカー」や「宇宙エレベーターロボット競技会」など大会に向けてロボット制作を行うものや、動画編集や映像制作、ＶＲ（Virtual Reality）を使うものなど、様々なジャンルがあります。

既存のものに入るだけでなく、新しくプロジェクトを立ち上げることも可能です。

八木さんや、副部長の飯尾怜央さんが所属する「Ene-IGP」は、彼らが中学生で入部してから作ったプロ

Ene-1GP

八木さん、飯尾さんが所属するプロジェクト。単３電池40本を使ってイチから作った車を走らせます。

動画編集をしようの会

動画編集の技術を磨きつつ、定期的に開催している公開講座などでその技術を広めていくことが目的です。

ロボカップジュニアサッカー

各チーム２台のロボットで相手ゴールにボールを入れて得点を競います。今年、フランスのボルドーで行われた世界大会で優勝を果たしました。

ジェクトです。

「Ene-1GP」とは、単3電池40本を動力とする車を作ってスピードや持久力などを競いあう競技です。車体や回路なども含めてすべて自分たちで作ります。一度作って終わりではなく、実際に走行させて改善し、再度走らせて改良を重ねます。

それは「Ene-1GP」に限らず、どのプロジェクトでも同じだそうで「実際にロボットやプログラムが完成したとしても、試作していけば必ず改善点が出てきます。何度も試行錯誤を繰り返しながら、よりよいものを作っていくことに時間を費やしています」と、飯尾さんとともに副部長を務める加藤未来翔さんは話しました。

高校から入学した加藤さんは「ロボカップジュニアサッカー」の高入生が集まって活動しているプロジェクトで、ロボットを動かすプログラミングを担当しています。「ロボットが思い通りに動いたときは達成感があります」と加藤さんはやりがいを感じていました。

加藤さんのような高入生は、一貫生と比べると所属する年数が違うため、経験値の部分で多少の差があるといいます。

それでも「まずは自分で調べてみて、それでもわからないことがあったら先輩から後輩に教えるのが伝統」と八木さんが話すように、困難が立ちはだかったときには、部員が心強くサポートしてくれるなど、チームワークのよさが電子技術研究部の特徴でもあります。

だからこそ、高入生だから難しい、やりづらいと感じることはなく、楽しく過ごすことができます。

大所帯の部をまとめ大きく成長

電子技術研究部のモットーは「研究と貢献」。自分のやりたいことだけを追求するのではなく、小学生らを対象にした公開講座の開催や、芝生祭（文化祭）での様々な企画などを通して、多くの人に科学や電子技術への興味を持ってもらうことを大切にしています。

また、約１６０人の大所帯を１つにまとめるために、部内ではイベント課、広報課、総務課、備品管理課と4つの課が設けられ、所属するプロジェクトとは別に仕事が分担されています。さらに、毎日のミーティングで各プロジェクトの情報を共有するなど、まるで会社で働くような

9月30日、10月1日に開催された芝生祭（文化祭）での企画も、電子技術研究部にとっては一大イベントです。

夏の合宿では、富士スピードウェイやドローン会社の見学などを行いました。

部には約160人の生徒が所属します。定期的なミーティングで情報共有をするのも大事だといいます。

仕組みも取り入れられています。

部のHPの運営などを行っている広報課のリーダーでもある飯尾さんは、プロジェクトと並行して広報課の業務をこなすことの大変さを感じつつも「HPを見てたくさんの人が興味を持ってくれたら嬉しい」（飯尾さん）と、やりがいを感じている様子でした。

「後輩たちや部全体を見なければならないため、視野が広くなりました」（八木さん）

「人の前に立ち、チームをまとめる力がつきました」（加藤さん）

「先生方と連絡を取りあう機会が多く、社会に出てから役立つような、言葉遣いなどの常識を身につけることができました」（飯尾さん）

このように、話を聞いた3人とも幹部として部を引っ張る立場になったことで、大きく成長できたと実感していました。

芝浦工大附属の電子技術研究部は、自分の好きなことを思う存分追究できるだけでなく、社会に出てから役に立つ人材となれる力を身につけることができる、充実した環境が整っています。

写真提供：芝浦工業大学附属高等学校　※写真は過年度のものも含みます

勉強 先輩からのアドバイス 受験

高2

八木 俊典さん、飯尾 怜央さん、加藤 未来翔さん

Q芝浦工大附属の魅力や学校の雰囲気を教えてください。

加藤さん：IT系の情報を学ぶ環境が整っています。タブレットが1人1台（購入）あり、学校内のWi-Fiも高速です。インターネットを使う授業も多いですが、全員で使っても回線が安定しています。

先生に課題などを提出するときに、ロイロノートというツールを使うなど、情報系の技術を活用している点も気に入っています。

八木さん：もともと力が入れられていた情報系の授業ですが、2025年度から大学入学共通テストに加わるので、授業でよりその内容の理解を深めています。

飯尾さん：学校の雰囲気はとても明るいです。私の代の一貫部に女子はいませんが、2017年から高校、2021年から中高一貫課程がともに共学になりました。

加藤さん：私のいる高入生クラスでは現在、4分の1が女子という割合です。

Q気に入っている施設や行事はありますか。

八木さん：（活動場所でもある）PC室「TERA」はパソコンの台数が多いですし、定期的に最新バージョンへスペックが更新され、つねに新しいものに触れられるのが嬉しいです。

飯尾さん：芝生祭（文化祭）はおもしろい企画がたくさんあります。電子技術研究部は、体験会やロボカップサッカーの展示会などを行います。最優秀団体賞を狙って来場者を楽しませようと頑張っているので、ぜひ遊びにきてください。（※今年は9月30日、10月1日に終了）

Q勉強と部活動はどのように両立させていますか。

飯尾さん：数学や物理は学校として力を入れている教科になるので、とくに時間をかけて対策しています。

加藤さん：学校に自習をサポートする環境が整っているので、部活動のあとに自習室で勉強してから帰ることもあります。

八木さん：とくに高2になってからは理系科目の難易度が高くなったので、長い時間をかけて勉強しています。公式を覚えるだけでなく、なぜこの公式が成り立つのか、まで考えると、応用できるようになります。

Q読者のみなさんへのメッセージをお願いします。

飯尾さん：私が携わっている部のHPをぜひ見てください！

加藤さん：部には色々なプロジェクトがあります。細かいところまで見てもらえれば興味のあることが見つかるはずです。

八木さん：いまの社会においてICTの技術は欠かせないです。ICT技術を学びたい、将来大学で理系に進みたいという人は、ぜひ芝浦工大附属をめざしてほしいです。

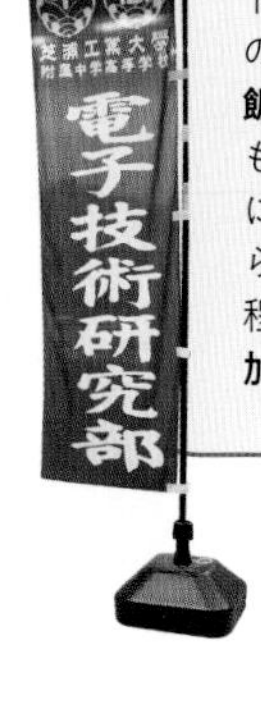

E バスケットボール部　F 体操部のダンス発表会　G バスロータリーから望むエスカレーター

日本《にほん》大学《だいがく》豊山《ぶざん》女子《じょし》高等学校〈女子校〉

日本大学の付属26校のうち、唯一の女子校としてしなやかな強さを持った女性の育成をめざす日本大学豊山女子高等学校。おだやかな校風のもとで気どらずに、ありのままの自分でいられる学校です。

改革と伝統を融合させ世界に貢献できる人材を育成

特色ある3クラス制で多様な進路選択が可能

「0 to 1」をキャッチフレーズに掲げ、新しい未来の創造に向けてチャレンジするアントレプレナーシップ（起業家精神）の育成をめざす日本大学豊山女子高等学校（以下、日大豊山女子）。生徒のなかに眠る個性を輝かせ、自立した女性へと成長させるための教育改革を推進しています。

一方で、校訓「知性と敬愛 ～咲き誇れ 笑顔の花～」を大切にし、伝統ある女子教育にも力を入れる日大豊山女子。広報部主任の我妻等先生は、「知性はその人の人生を豊かにし、周りにも幸せを分け与えることができます。どんなときも思いやりと感謝の気持ちを忘れずに、それぞれの人生を笑顔で歩いていってほしいという思いが、この校訓に込められています」と話されます。

授業では、茶道や華道を取り入れるなど、改革と伝統を融合させた日大豊山女子独自の教育が実践されています。

日大豊山女子では、生徒の進路目標に応じて、「A特進クラス」「理数Sクラス」「N進学クラス」の3クラスを設置。まずA特進クラスは、国公立大学や難関私立大学への進学をめざし、日大豊山女子の教育改革を実践するクラスで、後述する探究学習が魅力です。N

Photo　A 広々とした人工芝グラウンド　B 理数科の探究発表会　C 体育祭　D 文化祭での演劇部の発表（文化祭）

写真提供：日本大学豊山女子高等学校　※写真は過年度のものを含みます。

進学クラスは、日本大学の付属校としてのメリットを最大限に活用できるのが特徴で、高1全7クラスのうち5クラスを占める中心的なクラスです。

そして最も特色のあるクラスが、都内の女子校では唯一の理数科である理数Sクラス。1971年の設置以来、多くの理数スペシャリストを輩出しており、科学的倫理観を有する女性研究者の育成を目標にしています。

クラスごとに実施される探究学習が魅力

A特進クラスは、修学旅行でボストンを訪れ、ハーバード大学の学生が中心に企画する「LADYプログラム」に参加します。世界で活躍できる女性リーダーの育成を応援するプログラムで、自分の考えを英語でプレゼンテーションするミッションがあり、高1から準備を進めていきます。ハーバード大学に加えてウェルズリー大学やマサチューセッツ工科大学の学生との交流などもあり、英語教育と探究学習を同時に行う魅力的なプログラムです。

N進学クラスの特徴は「探究プラットフォーム」という取り組みです。「探究プラットフォーム」には同校教員の主催ゼミ、日本大学の学部や企業と連携したゼミが複数用意されており、生徒はそのなかから選択し探究を進めます。また、ゼミに参加せず、すべて個人またはグループで独自の探究を進めるという選択肢もあります。

理数Sクラスでは、少人数グループに分かれ、物理、化学、生物、数学の分野から1つを選択し、設定したテーマで「理数探究」を進めます。様々な専門家のアドバイスを受けながら3年間研究を継続し、卒業時には日本語と英語の論文を完成させます。

また、日本大学への推薦には、全付属校で実施される基礎学力到達度テストの成績による基礎学力選抜方式や付属校独自の特別選抜方式があり、学部によっては日本大学への推薦権を得ながら、国公立大学へチャレンジすることも可能です。日大豊山女子では、日本大学への進学を希望する生徒は、毎年全体の約6割で、そのほとんどが日本大学へ進学しています。

女子に縛られない教育を実践し、世界で貢献できる人材を育成する日大豊山女子。最後に我妻先生から読者へのメッセージです。

「女子だけなので、学校行事や部活動など、すべて自分たちで行わなければなりません。リーダーシップを発揮する生徒、裏方が得意な生徒など様々な個性を持った生徒がいますが、それぞれが自分の居場所を見つけて輝いています。ぶつかりあい、かっこ悪い部分も見せあっていますから、とてもきずなが強まるんです。そのためか学校全体が穏やかで、優しい空気に包まれていて、一生涯つきあえる仲間と出会える学校です」

スクールインフォメーション

所在地：東京都板橋区中台3-15-1
アクセス：東武東上線「上板橋駅」・都営三田線「志村三丁目駅」徒歩15分、JR京浜東北線ほか「赤羽駅」・都営大江戸線ほか「練馬駅」スクールバス
生徒数：女子のみ847名　TEL：03-3934-2341
URL：https://www.buzan-joshi.hs.nihon-u.ac.jp/

2023年3月　おもな合格実績

埼玉県立大	1名	成城大	5名
東京学芸大	1名	成蹊大	4名
国際基督教大	1名	東京薬科大	2名
青山学院大	4名	星薬科大	1名
法政大	4名	日本赤十字看護大	2名
立教大	3名	日本大学	153名

※既卒生含む

これ不思議！

Why? What! なぜなに科学実験室

「合わせ鏡」の秘密

「鏡像」と「正像」 GO

ここはワンコ先生が案内役を務める科学実験室です。いつも見ていることだからこそ、不思議な現象を見逃してしまうことがあります。上の写真は雪だるまの人形が鏡に映ったところです。ちょっと不思議なことに気づきませんか。今回は光の性質を学びます。

1 用意するもの

❶鏡（同じ大きさ２枚）
❷人形（なるべく左右のデザインに違いがあるもの）
❸軍手
❹三角定規
❺鉛筆
❻セロハンテープ
❼厚紙

❶
❷
❸
❹
❺
❻
❼

鏡は割れることがあるので、扱いにはとくに注意が必要じゃ！

2 鏡のミラー部を内側に合わせる

２枚の鏡のミラー部を内側にして、ピッタリ合わせます。ガラスは危ないので必ず軍手（手袋）をして作業します。

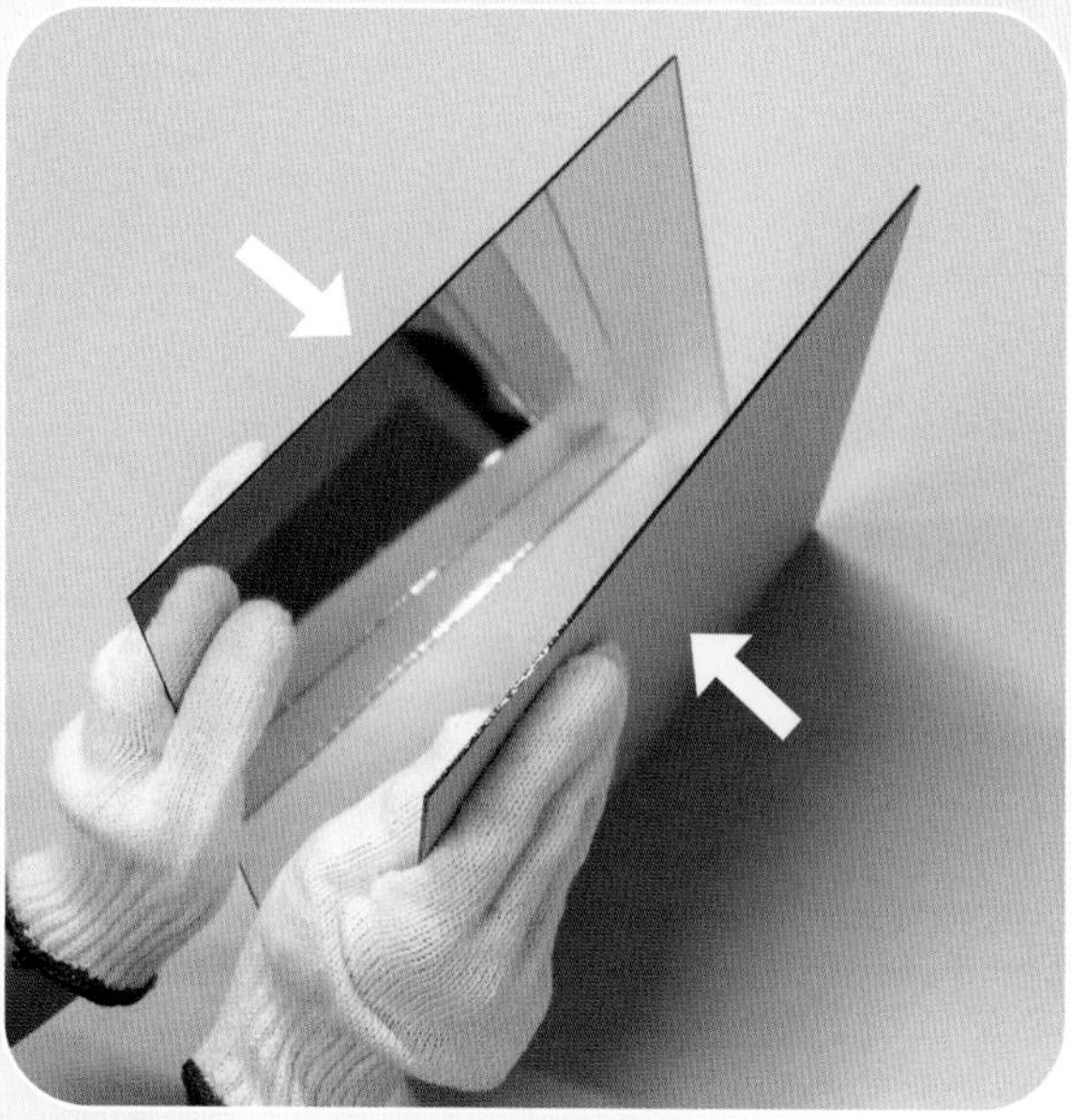

3 セロハンテープで片側をとめる

合わせた鏡の長辺をセロハンテープでとめます。長め（８㎝ほど）のテープで６箇所ぐらいにつけましょう。とめるのは片側の長辺だけです。

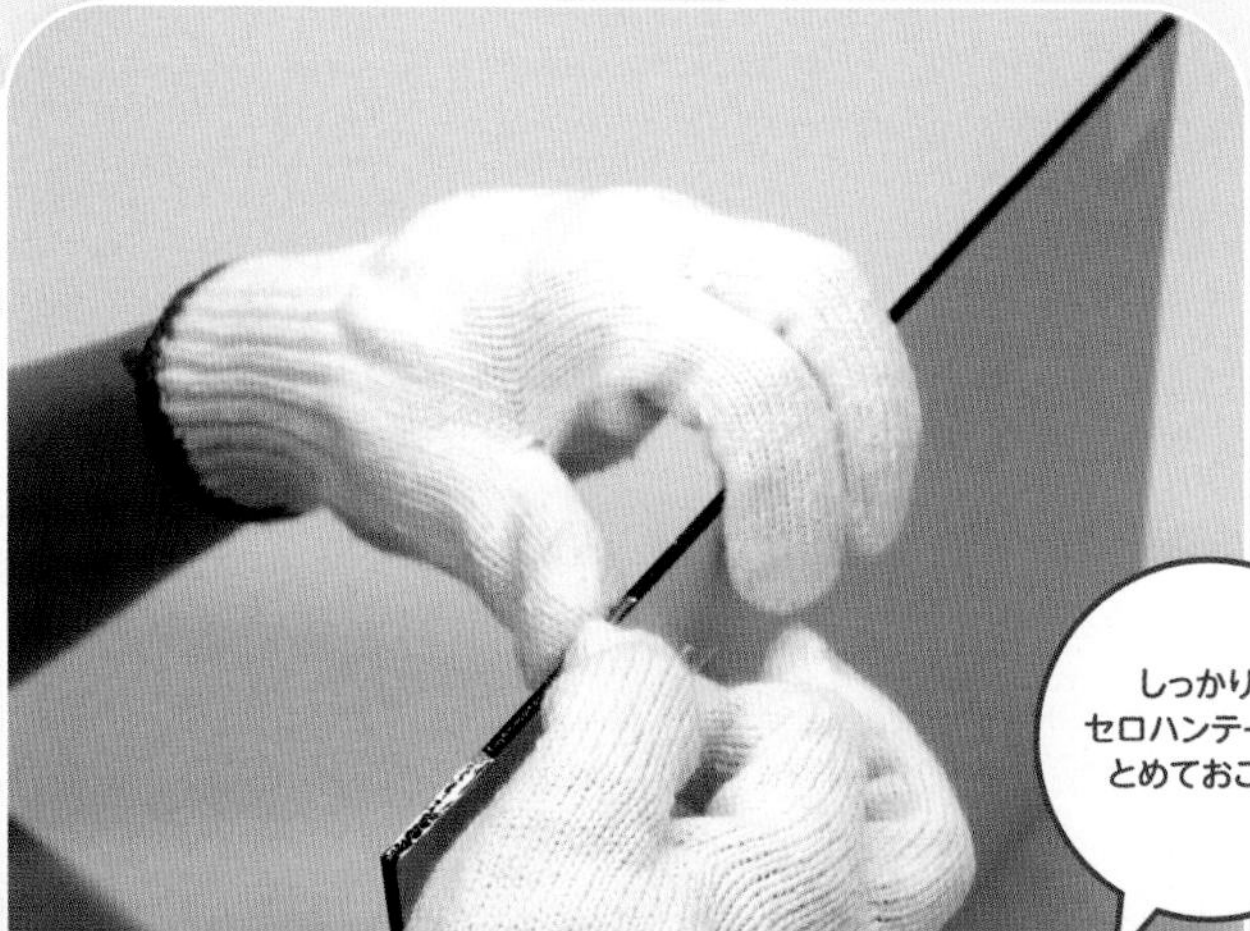

しっかりと
セロハンテープで
とめておこう!!

4 厚紙に直角の線を描く

用意してあった厚紙の上に直角の線を描きます。角が正確な90度になるようにします。

5 鏡を直角に開いて立てる①

鏡をそっと開きながら、描いておいた線の上に合わせます。鏡を割らないよう丁寧に作業します。

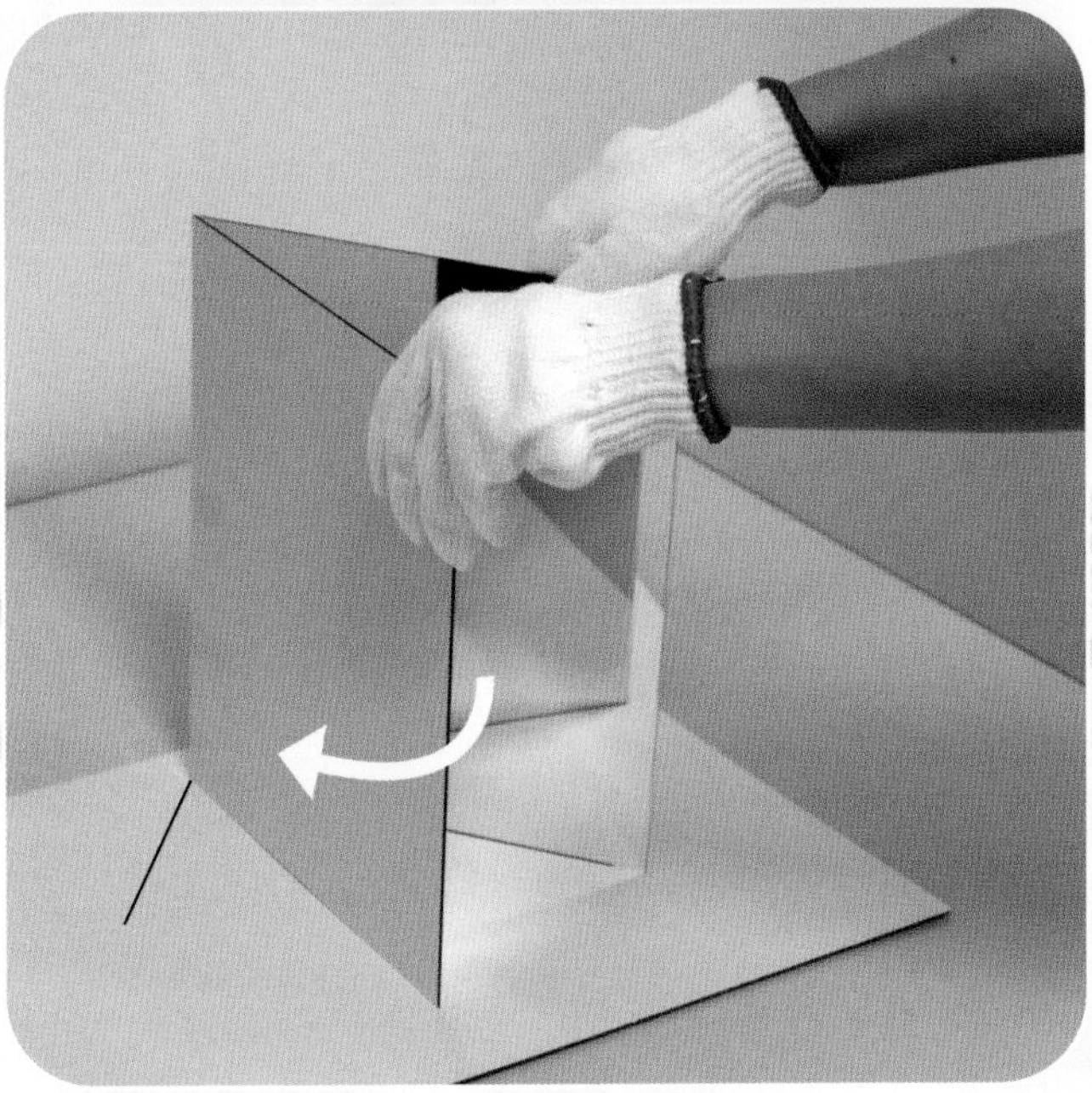

6 鏡を直角に開いて立てる②

描いておいた直角の線に合わせたら、倒れないように鏡を立たせます。

7 人形を用意する

鏡の前に置く人形を用意します。写真のように左右でデザインが異なるよう、アクセサリーを持たせるなど工夫してください。

左右でデザインが
異なることが
ポイントじゃ!

8 人形を鏡の前に置く

人形を鏡の前に置きます。鏡のなかではどのように見えるでしょう？

9 上から見てみると

上から見ると、直角の「合わせ鏡」の前方中央に人形が置かれています。

10 鏡のなかに映っていたのは「正像」

鏡に映った人形はどうなっているでしょうか。左の写真のように正面に回ってみると、不思議、不思議。正面には「鏡像」ではなくて、人形を正面から見た通りに左手に星を持っている「正像」が映っているではありませんか！

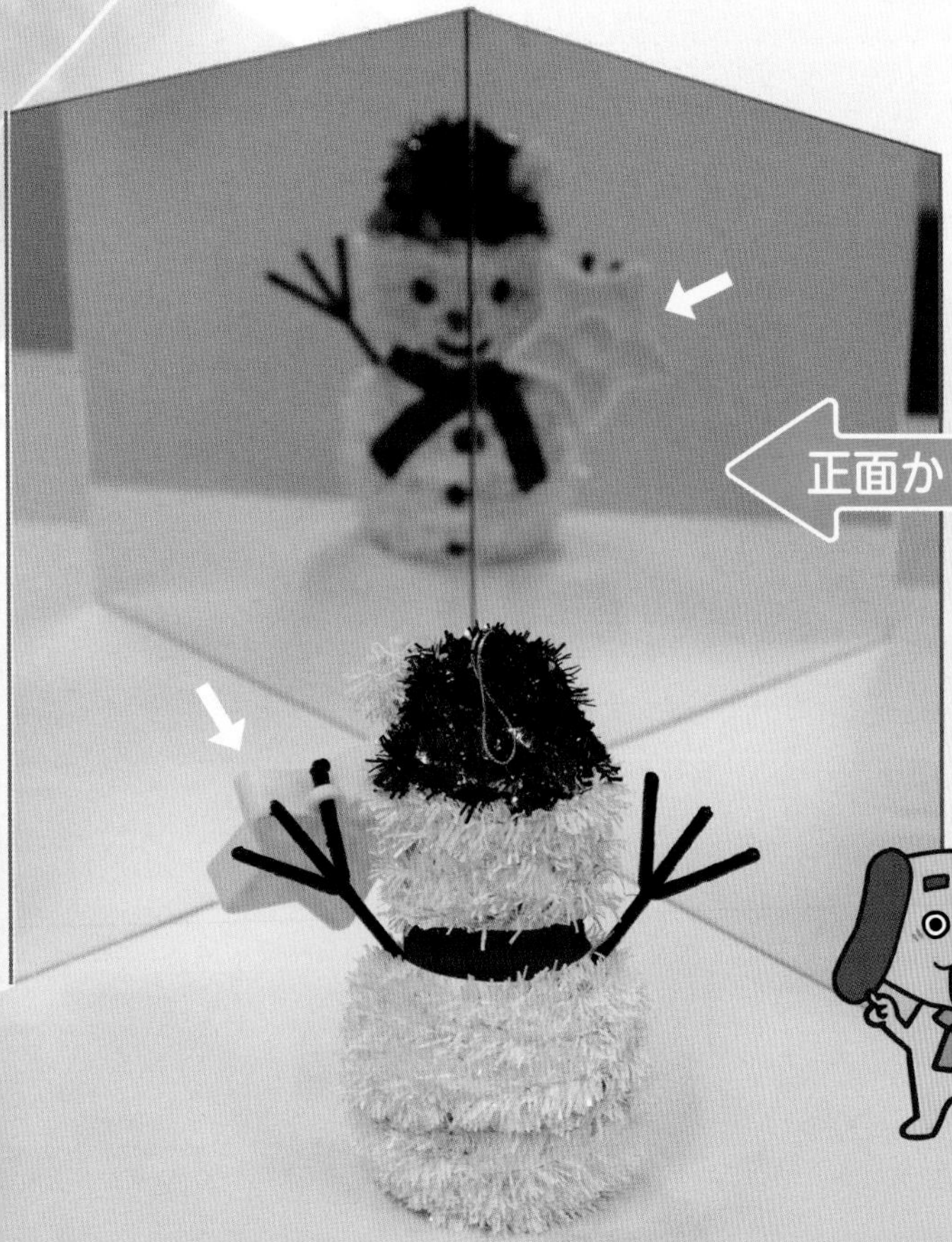
正面から見てみると…

どういうことじゃ?
「正像」に
なっているぞ!!

解説 「鏡像」が左右逆になるのはなぜ？

鏡は、家庭でも学校でも、駅のトイレでも、身の回りのどこでも見かけるものです。

ただ、今回の実験とは違い、身の回りで見かける鏡は平面で、私たちはその鏡に正対してのぞき込む動作を日常的に行ってきました。

下の写真は、今回の実験で使った人形が平面の鏡に正対しているところを撮影したものです。

このような鏡に映った像は、写真のように左右が逆に感じる画像となって、私たちの目に返ってきます。

この画像のことを「鏡像」と呼んでいます。

鏡のなかでは、自分の右手が左手に、左手が右手になります。この現象を「鏡映反転」といいますが、人は鏡のなかの自分の顔や身体の左右が反転していることは、ほとんど気にしていません。文字が反転して映ったときなどに初めて気づくのです。

スマートフォンで自撮り（画面を見ながらの撮影）すると、鏡と同じように鏡映反転が起こるのですが、本人はこれも気にせず、鏡代わりにして髪を直してみて初めて、手の動きが逆になるため、アレッと思ったりします。

じつは鏡映反転の謎の解明は、古代ギリシャ時代から哲学者や物理学者が挑戦してきました。

当時は板ガラスの鏡はまだありませんでしたから無理はありませんが、平面の鏡がある現在でもなお、この謎は解明にいたってはいません。なかには心理的なものだという意見もありますが、写真に撮っても左右は逆転していますから、心理的なものだとはいいきれないようです。

光は直進性を持っていますから、平面の鏡に光が直進し、再び直進して返ってくるからだ、という意見がもっともらしく聞こえます。

鏡は左右を反転するのに、どうして上下は反転しないの？という疑問も湧きます。しかし、天井に鏡が張ってある場合、天井の鏡に映し出されるのは、頭が下で、足の先はもっと上の方にあります。

合わせ鏡では「正像」が返ってくる

他人が見る自分の本当の顔を、鏡で見ようとするには、鏡を２枚使って「合わせ鏡」をして、顔が映るようにすれば可能です。角度がなかなか難しく、自分を真正面から見ようとするのは、かなり困難です。

鏡２枚で、２度反射させることで左右が元に戻り、正しい画像になります。この画像のことは「正像」といいます。

今回の実験で、２枚の鏡を直角にして「合わせ鏡」をすれば、本当の自分の顔が見られることがわかりました。

じつは、このことを利用したリバーサルミラーという商品がすでに開発されています。

非常に薄いガラスを鏡にすることで、中央のスジはほぼ見えません。化粧をするのに重宝するので徐々に人気が出ているそうですが、厚みがありますから、鏡というより箱のようにも見えます。

さて、上の写真は実験で使った人形を、鏡にもっと近づけて撮影したものです。

左右の鏡には、人形の鏡像が映っています。その奥にある鏡は、実際の鏡ではなく、鏡のなかにある鏡です。

その「鏡のなかにある鏡」に、左右の「実際の鏡」に映った鏡像がタテ半分ずつ映り込むことによって、正面から見ると正像になっています。

つまり、鏡像が２度反射した画像を正面から見ているわけです。

動画はこちら▶
「合わせ鏡」に向けて置かれた人形の様子は、こちらの動画でご覧ください。

知っておきたい
これからの授業

AIで変わりゆく学校教育

AI（人工知能）を搭載した家電や、それを利用したアプリが、便利さを背景に私たちの日常生活に浸透し、身近な存在になってきました。いま、学校生活のなかでも授業や試験（出題、採点や評価）を進めるうえで、いつのまにかAIが欠かせない存在になってきているのも事実です。しかも、この技術は未だ「発展途上」にあり、今後も様々に変化、進化を遂げていくでしょう。高校受験を控えるみなさんは、ちょうど、その真っただ中にいるというわけです。今回はAIで変わりゆく学校教育について、その目撃者となるみなさんのために、予習プリントのような内容をまとめました。

知っておきたい これからの授業

AIで変わりゆく 学校教育

すでに生活には欠かせぬ存在に

日常生活に入り込み「より便利に」を支えるAI

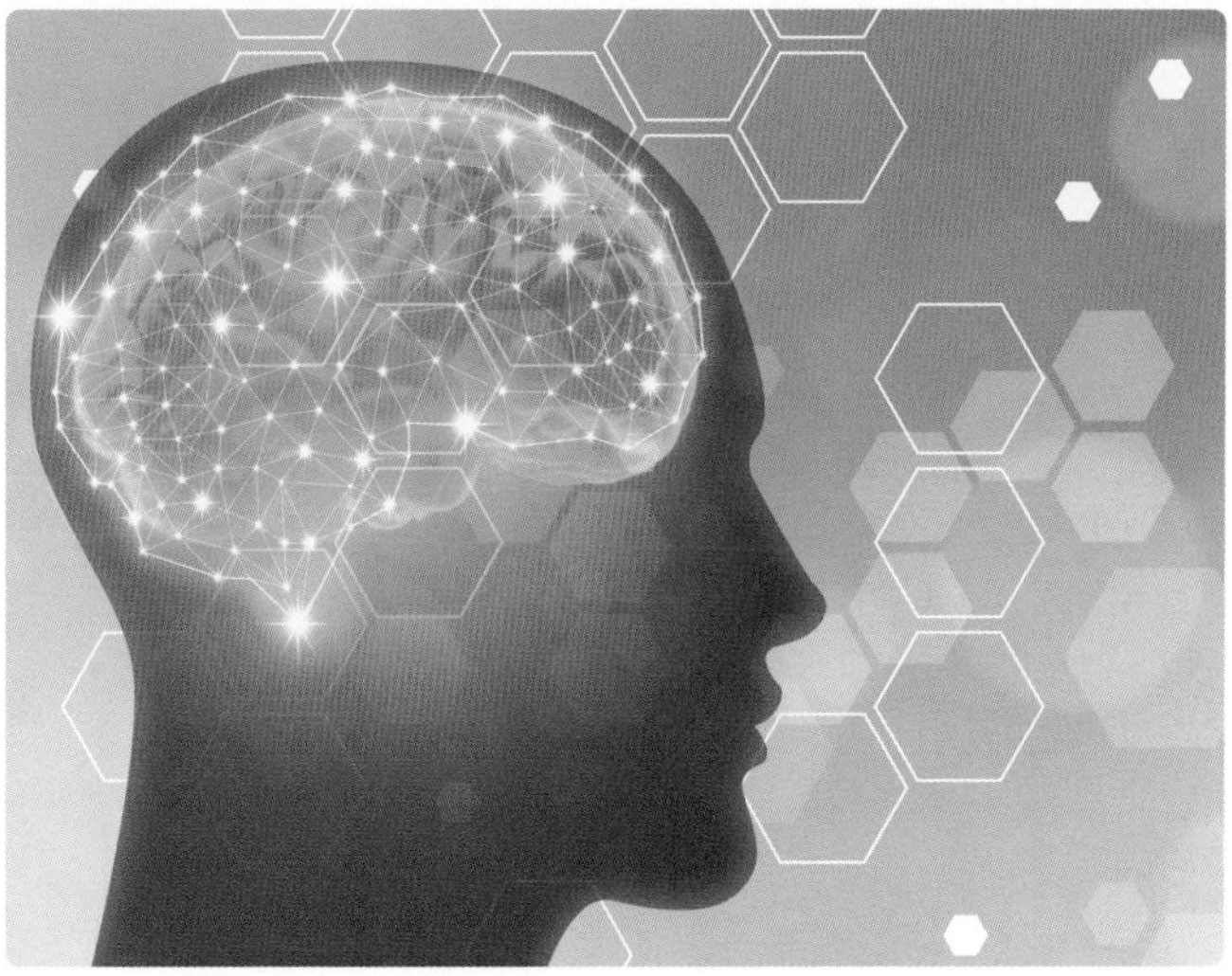

AIとは、Artificial Intelligence の略で、日本では人工知能と呼ばれています。コンピューターがデータを分析し、推論や判断、最適化や課題の提案、解決法提案などを行い、その繰り返しから学習することで人間の知的能力を模倣する技術です。

いまでは国内でも人工知能と呼ぶより、むしろAI（エー・アイ）と言えば通じるようになっています。

これはAIが人々の身近な存在になっているからでもあります。お掃除ロボットに「AI搭載」の記載がされてから、すでに数年が経ち、様々な家電にこの文字が記されるようにもなっています。

いま、ほとんどの自動車メーカーが自動運転に力を注いでいますが、この自動運転技術にはAIの存在が欠かせません。

自動運転が確立されれば、人間のドライバーが起こしがちな「疲労による事故」は確実になくなります。AIは、交通事故の少ない社会を実現するに不可欠な存在といってもいいものです。

ほんの数年前までAI技術は「夢のなかの話」ととらえられるイメージでしたが、その進歩は、予想をはるかに超えるスピードで私たちの生活に溶け込んできました。

例えば、海外に行って外国語の看板の意味がわからないときは、文字が日本語に翻訳されるアプリをスマートフォンにダウンロードしてカメラを向ければ、すぐにその意味を調べられます。映り込んだ看板から画像認識処理AIがテキスト（文字）を抽出、テキスト処理AIが翻訳して、今度は日本語で映し出すという仕組みです。

画像認識処理のAIでは、ほかに名刺やレシートデータの読み込み、手書き文字の読み込み、顔認証、商品の外観検査などができます。テキスト処理のAIでも、文字校正、名刺管理、翻訳、音声の文字変換などができ、みなさんの身近にあります。

さらには感情処理AIを組み込んだロボット受付、コールセンターでの自動受付。推論・探索処理AIによるパズル解析、ゲーム制作など日常に入り込んでいるAIは、数えあげればきりがありません。

これらのAIは、近年では深層学習（ディープラーニング）という手法によって、さらに精度が向上してきており、多様な分野での導入が進んでいます。

大きな反響を呼んだ「チャットＧＰＴ」

質問にアッという間に応えて美しい文書で回答する

昨年（２０２２年）11月、「チャットＧＰＴ」というＡＩ技術が、アメリカで発表され話題になりました。

チャットＧＰＴは「生成ＡＩ」に分類されるもので、ＡＩで新しいデータを生成する技術を持っています。このＡＩは、入力されたデータに基づき、そのパターンを学習して組みあわせ、新たに別のデータを生成することができるのです。

生成できるデータには、文章、音声、画像など、様々な種類のものがあり、注目されているチャットＧＰＴが、とくに得意とするのは「言語生成ＡＩ」といわれる技術です。

２０２３年５月には、日本語版アプリが登場し、日本でも大きな反響を呼びました。

チャットＧＰＴは、質問を文章にして打ち込むと、ＡＩの高度な機能・技術を使って、瞬時に的確にまとめた文章を作成し日本語で返してきます。その日本語も適切で、文章に長《た》けた日本人が記したような文章です。しかも、いくつかの回答例を、またたくまに返信してきます。

無料で使うことができるので「やってみた」という人が続出、「すごいよ」「驚いた」とのコメントがＳＮＳ上にあふれました。

チャットＧＰＴは、なぜこんなことができるかというと、質問者が必要としている情報を、インターネット上に公開されている様々な文書、例えば学術論文、ニュース記事、ブログ、データベース、ウェブサイト、電子版書籍、その他の文書を一気に閲覧して、必要な情報を抽出し、回答としてまとめているからだそうです。

また、つねに新しい情報を学習し取り入れているそうで、最新の情報とデータに基づいた返答を提供します。

すばらしい技術だが マイナス面も見えてきた

「質問ー回答、質問ー回答」を繰り返すことから、チャットＧＰＴは「対話型ＡＩサービス」と呼ばれますが、利用が広がった時点で、問題点も出てきました。

ＡＩが参照した元データがフェイクニュースであってもそれを判断できず、正しい回答としてしまったり、元の文書の著作権をクリアせずに回答してしまう例が出てきたのです。意図的にカモフラージュした質問で、危険物の製造法を聞き出し犯罪に悪用しようとした例も見つかりました。

知っておきたい
これからの授業

AIで変わりゆく 学校教育

その点は、現在は改良されているとされていますが、せっかくの便利なＡＩの普及には水を差された形となりました。

この変化を受け身にとらえず ともに生きる時代を先取りする

学校現場からも色々な意見が聞こえてきました。

読書感想文の宿題や、その他のレポートに対して、生徒が自分では考えないで提出してくることへの懸念が最も大きかったようです。

そのような「おきて破り」を見破る手立てが、学校（教員）側に保証されていないことも、心配を増幅させることにつながりました。

日本語版が出回ってすぐの7月、文部科学省から「生成ＡＩの利用に関するガイドライン」が通知され、「教育現場では限定的な利用から始めることが適切」とされました。

「そもそもＡＩが学習しているデータそのものの真偽がわからない」ことが「限定的な利用」の根拠となっています。

さて、チャットＧＰＴは、まるでそこに人がいて対話しているように答えてくれますが、あくまでツールにすぎません。

その正しい使い方や仕組みを知ったうえで、初めて「活用」が進むものです。

一方、生徒が創造する力は、本来、尊い才能です。自分で考え、まとめ、相手に伝えようと、さらに考える。チャットＧＰＴは、それを学ぶ経験値を奪ってしまうことになるかもしれません。

だからといって、チャットＧＰＴが持つ優れた機能、プラス面を利用する選択肢を捨ててしまうことは、あまりにも惜しまれます。

いま私たちは、ＡＩによってもたらされている変化を受け身にとらえることなく、その変化のなかに飛び込み、先取りして、自らも進化していくことで、ＡＩとともに生きる時代を迎え討つ、そんな歴史の目撃者になろうとしているのかもしれません。

藤井八冠に学ぶ ＡＩとの共生時代の切磋琢磨

10月、史上初の八冠独占を果たした藤井聡太棋士が話題となりました。

ＡＩを棋譜の勉強に活用し、ベテランの先輩棋士を次々と破り、現代の最強棋士となった若きヒーローです。

最近、将棋の対局はライブ配信などでも楽しめるようになりました。

そこでは盤面同時解説としてＡＩが「次の1手」を予測しています。互いの1手によって最終盤がどうなるか、勝敗までを確率予測してくれるのです。じつは、藤井八冠は不利な場面で、ＡＩも予測できない手を打って、逆転勝利した例があります。

藤井八冠は、先輩の棋譜を学んで強くなった、かつての棋士たちの手法だけではなく、ＡＩの思考方法を観察して学び「自身がＡＩになったのではないか」とまで言われるほどＡＩの思考に精通し、ＡＩと切磋琢磨し、ときには出し抜いています。

次のページでは、いま学校や家庭でＡＩを駆使して行われている教育の一端をご紹介しますが、その仕組みを知ったうえでＡＩに振り回されることなく、その手法を利用する側に回りたいものです。

知っておきたい ＡＩと進める未来の授業

コロナ禍が進めた学校現場でのＡＩによるサポート

学校現場にも、ここ数年でＡＩを利用したアプリやＡＩ搭載の機器が急速に普及してきました。

ここではその商品名をあげることは避けますが、コロナ禍のおり、家庭と学校をつないだオンラインでの授業やグループワークを支えたのがＡＩ搭載のシステムであったことは記憶に新しいところです。

この記事の冒頭（30ページ）で、ＡＩは授業や試験（出題、採点や評価）を進めるうえで欠かせないものになってきていることに触れていますが、ＡＩを搭載した製品やサービスは「教師の負担軽減」に寄与していることは確かです。教師には、点呼や試験監督、採点など、授業以外にも色々な業務があります。ＡＩのサポートによって、生徒の出席をカウントさせたり、試験監督や採点業務の自動化も夢ではなくなっています。

近年は教師の長時間労働が問題視されていますが、教師は授業の準備や生徒1人ひとりへのサポートなど、ＡＩには任せられない業務に集中できるようになります。

テストの採点は、ある問題の答えについて、クラス全員分がひと目でわかるように映し出され丸つけも簡単です。さらに個々の解答に手書きの赤ペンも入れられます。

これらのシステムで生徒個々の成績について、瞬時に平均や偏差値を得ることができ、的確な分析・評価につながります。また、データに基づいて次の授業や教材の準備ができるなどのメリットもあります。

家庭と学校をつないでいたのは、かつては生徒が持ち帰るプリントでしたが、クラスごとのクラウドに配信することによって素早い周知を図ることができます。

保護者と担任の連絡が、より密になったといえます。

保護者が授業見学を家庭にいながらできるシステムをコロナ禍で構築した学校もあります。

教室のなかでは、教師が発する質問に対して、生徒個人が回答を教師に送ると、それがホワイトボードの画面に次々と反映されます（無記名も可）。これが次の質問へのきっかけとなり、みんなが参加しての活発な討論が始まります。

文部科学省が勧めたアクティブラーニングの影響もあって、教師が一方的に話して授業が進んだ、かつての教室の光景は見られなくなっています。

ＡＩによるアシストが、さらに進めば、学校での学習スタイルはもっと変わっていくのでしょう。

対話型ＡＩによる英会話学習も

自分専用の学習材料を作ることもできる

次に家庭でできるＡＩを利用した学びを考えてみます。いま注目されているのが、英語に代表されるＡＩ相手の学習です。

チャットＧＰＴのような対話型生成ＡＩは、質問を工夫することによって、有用な働きをさせることができるのは前のページで述べましたが、例えば必要な英文文書を読み込ませて、和訳を作らせる→出てくる単語すべてで日本語訳を付した単語帳を作らせる→英文文書の内容についてクイズを作成させる→単語についてクイズを作らせる、など自分専用の多様な学習材料を手に入れることができます。

しかも、このための指令は日本語で指示を出せばよいのです。

英会話の練習もこれから多様化していく

対話型生成ＡＩを利用した英会話練習も注目されています。

対話型生成ＡＩに指令を出すことで始めればよいのですが、例えば「英会話の練習をしたいのだが」で始めればＡＩは英語で話し始め、音声でのやり取りができます。

しかし、ＡＩの側に「英会話の練習」ということを理解させていないと、ＡＩがずっと話してしまい会話が成立しない、などのミスも起こります。

これらの指令を出さずとも、すぐに対話を始められる、英会話練習に特化した「ＡＩ英会話」というアプリもいくつか商品化されています。

ただ、いずれも未だ音声のみのやり取りが主流です。

使ってみた人に話を聞くと「機械が相手なので間違っても恥ずかしくない」ということが利点だといいます。

しかし、初心者段階を脱すと、ＡＩからの質問では、対話のやり取りがもの足りなくなるようです。

この点では、やはり画面に人間が登場して会話するオンライン英会話の方に軍配があがります。

やがては、ＡＩにも相手のアバターや、動画の顔が話し相手として登場するようにはなるかもしれませんが、どれだけ臨場感があり、話の内容に合わせた表情までを生成できるのか、興味のあるところです。

ＡＩ技術の進歩は高スピードまだまだ学校教育にも影響が

さて、話は変わりますが、年が明けるとすぐ、大学入試の第一関門「大学入学共通テスト」（＝共通テスト）が実施されます。今回が4回目の実施になりますが、30年続いた「大学入試センター試験」（＝センター試験）から共通テストに改められるとき、当初予定されていた改善案から、大きな2案が姿を消しています。

1つは英語の4技能について外部の検定試験スコアを利用しようとしたこと（公平性が担保できない懸念から見送り）、もう1つは記述式解答を導入しようとしたこと（受験者が多く採点時間の不足と公平性担保への懸念から見送り）の2案でしたが、このところのＡＩ技術の進展スピードをみていると、近々にも復活の可能性すら感じてしまいます。

いま中学生のみなさんも、この点は注意して見守ってほしいと思います。

受験生のための

明日へのトビラ

「明日へのトビラ」のコーナーは、受験生と保護者のみなさんに向けて大切な入試情報をお伝えしていくページです。夏休みが過ぎた9～10月には、各都県、各校の入試日程や制度の変更などの新情報が次々と公表されました。可能な限り、このページでもご紹介していきますが、各都県、各校のホームページなども確認するようにしましょう。

埼玉 インターネットによる出願を 2024年度公立高入試15校で試行

埼玉県教育委員会は2024年度の公立高校入試において、インターネットによる出願手続きを受けつけられるようにする、とした。

ただし、初年度にインターネット出願ができるのは、以下の公立15校のみで、初動テストの意味合いが強い。うまく進めば、2025年度入試でインターネット出願校を広げる可能性が高い。

来春の2024年度入試でインターネット出願を受けつけるのは次の15校。

春日部、春日部工業、春日部女子、春日部東、児玉、庄和、深谷、深谷商業、深谷第一、本庄、寄居城北、さいたま市立浦和、市立浦和南、市立大宮北、川口市立。 そのほかの各校は従来通り、窓口持参、または郵送（各中学校でまとめる）になる。

この15校については、実施する高校のホームページに、インターネット出願サイトのバナーが準備されるので、アクセスして出願する。出願できるのは1月18日（木）からの予定。願書ができたらプリントアウトして中学校に提出し、中学校が志願校に郵送する。受検票をプリントアウトできるのは、2月13日（火）15時からの予定。

志望先変更の際は、先に出願した高校にプリントアウトした「志願先変更願」と「受検票」を持参して「志願先変更証明書」を受け取り、新たな志願高校にプリントアウトした入学願書とともに持参し出願する。

埼玉 早くも現中学2年生が受検する 2025年度公立高入試日程を公表

埼玉県教育委員会は、現在の中学2年生が受検する2025年度埼玉県公立高校入試日程を公表した。

◆2025年度埼玉県公立高等学校入学者選抜日程

■学力検査

2025年2月26日（水）

■実技検査（芸術系学科等）、面接（一部の学校）

2月27日（木）

■追検査

3月3日（月）

■入学許可候補者発表

3月6日（木）

※例年この時期に公表されている出願期間および志願先変更期間については、出願方法について現在検討中。2024年度当初に公表を予定している。

※追検査とはインフルエンザ罹患をはじめとする、やむを得ない事情により学力検査を受検できなかった志願者を対象とするもの。

※入学許可候補者発表後に実施する欠員補充の日程および内容については、実施する高校において定める。

埼玉 県内の男子校5校、女子校7校 早期に共学化すべきとの勧告が

埼玉県立高校にある12校の男女別学校について、県男女共同参画苦情処理委員は、県教育長に対し、現在では「女子差別撤廃条約」で共学が奨励されていることから「共学化を早期に実現すべき」と勧告した。

これを受けた日吉亨教育長は記者会見で、「関係する人の意見を丁寧に聞いて、今後の方向性を検討する。男女共同参画については、すべての高校で、男女平等意識を高める視点で教育活動を進めるよう指導している」と述べた。県教育委員会は2024年8月までに同委員に報告書を出す段取りとなっている。

勧告は8月30日付。県立高校137校のうち、県立浦和など男子校5校、浦和第一女子など女子校7校が男女別学校となっている。

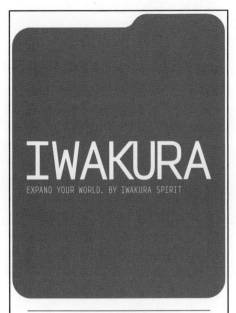

東京　新型コロナ5類移行で都立高校入試での推薦入試・集団討論は各校の判断で再開

東京都教育委員会は、新型コロナウイルス感染症の感染症法上の位置づけが５類に移行したことをふまえ、2024年度入試での対応について、換気等の基本的な感染症対策を継続しながら、以下のように実施することを決めた。

【推薦入試】

コロナ禍では、感染拡大を防止する観点から中止していた集団討論は、必要と判断した学校で実施する。

文化・スポーツ等特別推薦では、中止していた「受検者同士の接触を伴う検査」を可能とする。

文化・スポーツ等特別推薦と理数等特別推薦では、コロナ禍において学校生活を送った受検者の実情に鑑み、出願の基準に大会の実績や、資格・検定試験等の成績にかかわる内容を含めない。

【追々検査の廃止】

コロナ禍で実施していた「追々検査」は実施しない。

インフルエンザ等学校感染症（新型コロナウイルス感染症を含む）罹患者などが対象の「追検査」は、継続して実施する。

東京　2024年年頭にスピーキングテストを公立中学1、2年生でも導入へ

東京都教育委員会は、2024年の１月～３月に、中学１年生と中学２年生を対象とした中学校英語スピーキングテストを開始すると発表した。

同スピーキングテストは、都立高校進学をめざす受検生（中学３年生）が入試の約３カ月前に受けるテストで、そのスコアが翌２月の都立高校入試の英語入試の得点に加味される、国内でもユニークな制度。今年は11月26日（日）に行われる。予備日は12月17日（日）。

英語の４技能と呼ばれているのは「読む」「聞く」「書く」「話す」だが、ペーパーテストなどでは測りにくい「話す」に、これほど力を注いでいるのは東京都が唯一だ。

そしてこのほど東京都は、さらに中高生の英語力向上に寄与するべく、スピーキングテストを中学１年生と中学２年生にも課す。

スケジュールとしては、来月（12月）にサンプル問題の公開、2024年１月～３月に、両学年とも実施される。

なお、同テストの名称（＝略称）について、中学３年生を対象とするテストを「ESAT-J」（イーサットジェイ）と呼ぶことにしているが、

■中学１年生対象を

「ESAT-J YEAR 1（Y1）」（イーサットジェイ・イヤー・ワン）

■中学２年生対象を

「ESAT-J YEAR 2（Y2）」（イーサットジェイ・イヤー・ツー）

と、呼びならわすことにしている。

あの学校の魅力伝えます
スクペディア No.110

東京成徳大学《とうきょうせいとくだいがく》高等学校

東京都　北区　共学校

所在地：東京都北区王子６-７-14　生徒数：男子655名、女子615名　TEL：03-3911-5196　URL：https://www.tokyoseitoku.jp/hs/
アクセス：地下鉄南北線「王子神谷駅」徒歩７分

「成徳」の精神を持つグローバル人材へ

２０２５年に創立１００年を迎える東京成徳大学高等学校（以下、東京成徳大高）。「成徳」という学校名にある通り、「徳を成す人間の育成」を建学の精神とする学校です。「文部両道」「自分を深める学習」「進学」を教育の３本柱に据え、「『成徳』の精神を持つグローバル人材」を育成する東京成徳大高をご紹介します。

教育の３本柱に沿った様々な独自教育が魅力

３本柱の１つ「文部両道」は、勉強と部活動の両立を通して人間的成長をめざすこと。「文部両道」の「文」にあたる教科教育では、卒業後の進路を見据えたコース制と、バランスを重視したカリキュラムを実施しています。

コースは国公立大学・難関私立大学を志望する「特別進学コース」、上位私立大学を志望する「進学選抜コース」、中堅私立大学を志望する「進学コース」の３コース制を採用。高１〜高２までは３コース共通カリキュラムで学び、高３では所属コースと文系・理系で分かれたカリキュラムで希望進路をめざします。

カリキュラム以外にも、授業でのＩＣＴ機器の活用や、ネイティブ教員が常駐し英語で会話ができる特別教室ＤＤＲ（Discussion and Discovery Room）の設置、短期・長期の海外留学サポート、東京大学の学生による学習指導の実施など、魅力的な学びを多数行っています。

また、東京成徳大高では部活動への加入を推奨しており、運動部、文化部それぞれ21の部活動のほか、多数の同好会があります。部活動への加入率も87％と高く、多くの生徒が熱心に活動しています。

３本柱の２つ目、「自分を深める学習」は独自の人間教育で、様々な教材やプログラムを用意し、哲学的なアプローチで自分の在り方を見つめる内容です。

３つ目の柱の「進学」は、前述の３コース制も含め、３年間のカリキュラム内で大学受験に必要な力を育む進路指導が特徴です。学習習慣の確立、基礎学力の定着から、進路アドバイザーの資格を持つ教員による進路サポートや高３を対象とした夏期・冬期講習まで、夢の実現を手助けする様々な進路対策を実施しています。

多彩な教育内容でグローバル人材を育成する東京成徳大高。充実した高校生活が待っています。

あの学校の魅力伝えます
スクペディア No.111

豊南《ほうなん》高等学校

東京都　豊島区　共学校

所在地：東京都豊島区高松3-6-7　生徒数：男子639名、女子478名　TEL：03-3959-5511　URL：https://www.hs.honan.ac.jp
アクセス：地下鉄有楽町線・副都心線「千川駅」徒歩10分

「自主獨立」の芽を育む

昨年、創立80周年を迎えた豊南高等学校（以下、豊南）。建学の精神である「自主獨立」をいしずえに、「授業における学び＝目に見える学力」と「人格の陶冶《とうや》＝目には見えない学力」を磨き、社会から真に望まれる人材の育成を目標にしています。

4ターム制の学習環境で生徒の学びをサポート

豊南の特色の1つが、4ターム（学期）制です。1年間を4タームに分け、週6日制・平日6時限、土曜日4時限の授業を行っています。登校日を増やすことで授業時間をしっかりと確保し、基礎学習の徹底から大学受験対策まで無理なく進めることが可能です。また、平日は6時間授業のため放課後に部活動や生徒会活動の時間も十分にとれ、他者との協働で人間力を高めていきます。

生徒の進路希望に応じたコース制を導入しており、国公立大学・最難関私立大学をめざす「特進コース」、G-MARCHなどの難関私立大学をめざす「選抜コース」、中堅・上位の大学進学をめざす「進学コース」の3コースが設置されています。各コースとも高2から文理選択を行い、それぞれの目標に向かって効率よく学習していきます。

手厚い学習支援体制が魅力の豊南では、「伸学システム」を導入し、生徒が主体的に学ぶ力を育成しています。STUDY LAB（スタディラボ）もその1つ。50席の自習室に6つの個人指導ブースがあり、学習内容にわからないところがあれば、専属スタッフにいつでも質問が可能です。生徒に合った学習計画を立案してくれるほか、個人指導や放課後講習も受けることができ、生徒の自学自習を支えています。

そのほか、世界に羽ばたく人材育成のため、国際理解教育にも力を入れています。校内にはネイティブスピーカーの講師が常駐している英会話ルームがあり、いつでも英会話ができるうえ、英検や大学入試の添削指導も実施しています。さらに、お台場にあるTOKYO GLOBAL GATEWAYでの1日オールイングリッシュ体験やオーストラリアへの語学研修など、多様なプログラムを用意し、国際社会で必要な語学力を鍛えています。

様々なサポート体制で生徒の可能性を伸ばしていく豊南。生徒はたゆまぬ学びを通して、それぞれの夢に向かって前進していきます。

佼成学園女子高等学校《こうせいがくえんじょし》

東京　女子校

問題

次のルールにしたがって、図の５×５マスの中に１、２、３、４、５の数字を書き入れなさい。

（ルール）

① どの列（縦、横）にも１～５の数字が１つずつ入ります。

② 太線で囲まれたブロック内のマスが１つのとき、ブロック内に書かれた数字が入ります。

③ 太線で囲まれたブロック内のマスが２つのとき、ブロック内に書かれた数字はマスに入る数の和、差、積、商のいずれかを表します。

④ 太線で囲まれたブロック内のマスが３つ以上のとき、ブロック内に書かれた数字はマスに入る数の和または積を表します。

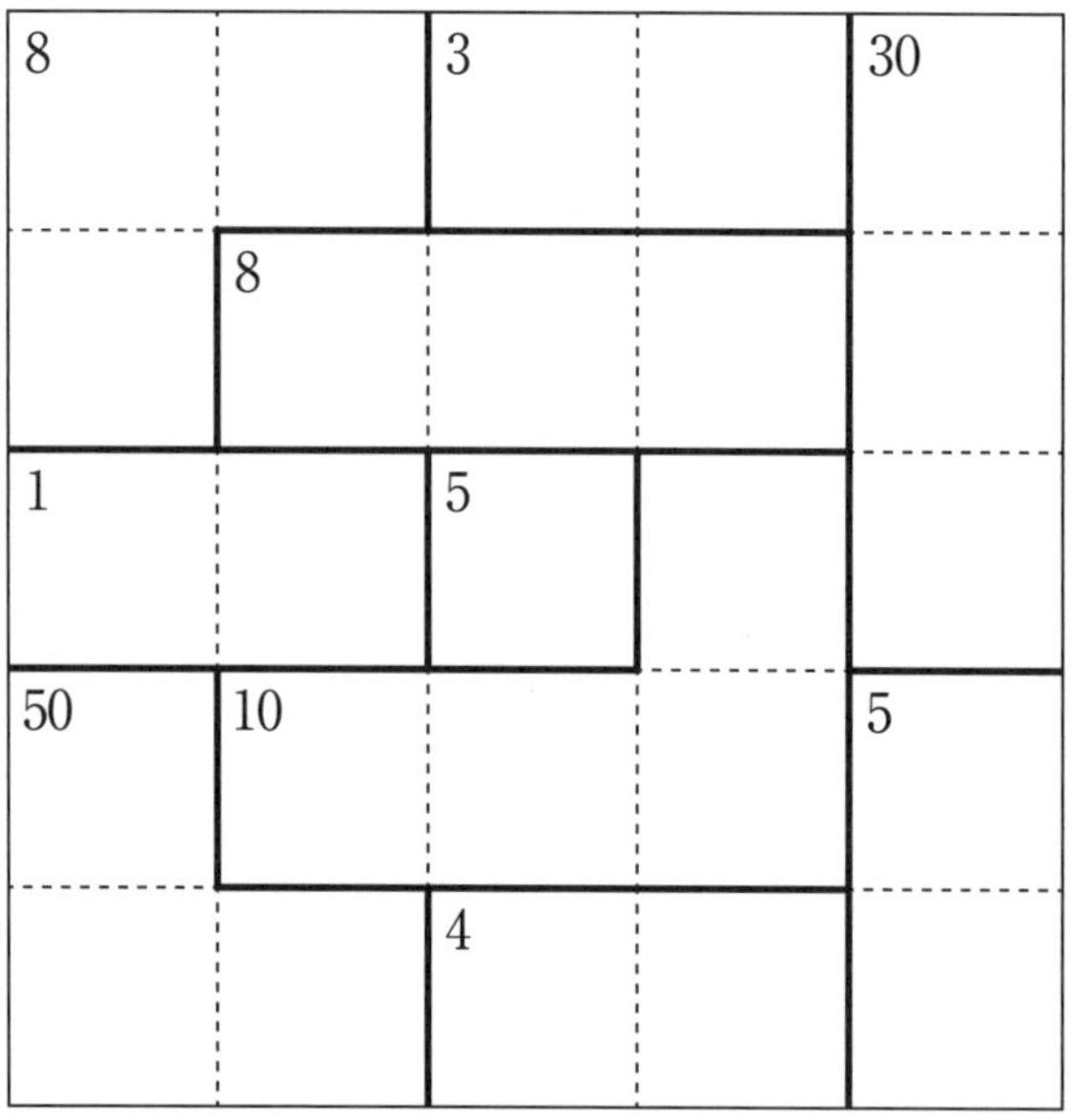

解答

1	4	2	5	3
3	1	4	2	5
4	3	5	1	2
5	2	3	4	1
2	5	1	3	4

●東京都世田谷区給田２-１-１
●03-3300-2351
●京王線「千歳烏山駅」徒歩５分、小田急線「千歳船橋駅」「成城学園前駅」バス
●https://www.girls.kosei.ac.jp/

【学校説明会】要予約
11月25日（土）10：00～11：30
12月２日（土）14：30～16：00

【夜の入試個別相談会】要予約
11月22日（水）11月28日（火）
11月30日（木）12月５日（火）
12月７日（木）各16：00～19：00

レッツトライ！ 入試問題

開《かい》智《ち》未《み》来《らい》高等学校

埼玉　共学校

問題

次の対話は、生花店に花を買いに来た中学３年生の生徒（Student）と、生花店の店員（Clerk）が話している場面である。（１）～（５）に入れるのにふさわしい英文をそれぞれ５語以上で考え、解答欄に書きなさい。

Clerk：　Good afternoon, how may I help you?

Student：　Hi, I'd like to order some flowers.

Clerk：　（ 1 ）?

Student：　To our homeroom teacher at my junior high school.

Clerk：　Why are you going to give them to your teacher?

Student：　（ 2 ）. We decided to give him some flowers to thank him.

Clerk：　That sounds wonderful!（ 3 ）?

Student：　I'm not sure what flowers he likes, and I don't know too much about flowers. What flowers do you recommend?

Clerk：　Today, we have very fresh tulips, lilies, pansies, marigolds, and roses.

Student：　Oh, Great! So, could you arrange a bouquet with tulips, lilies, and roses? Our budget is 4,000 yen.

Clerk：　Of course! That will be a good combination. You can put a message card for your teacher for free. We can type on it the name of your teacher and your short message for him within 10 words.

Student：　Oh, that's good! I'm sure he will be very pleased with it.

Clerk：　（ 4 ）?

Student：　His name is Fujii Hitoshi.

Clerk：　And could you make your short message for him within 10 words?

Student：　One moment please... OK, I've decided. My message is this.（ 5 ）.

Clerk：　Perfect! I'll arrange your card and bouquet in 15 minutes.

解答例　(1) Who are you going to give the flowers to?　(2) Because we are going to have our graduation ceremony tomorrow.
(3) What flowers do you want?　(4) What is the name of your teacher?　(5) Thank you for teaching us a lot of things.　※すべて模範解答例です。

●埼玉県加須市麦倉1238
●0280-61-2021
●東武日光線「柳生駅」徒歩20分、JR宇都宮線・東武日光線「栗橋駅」、JR宇都宮線「古河駅」、東武伊勢崎線「加須駅」「羽生駅」「館林駅」、JR高崎線「鴻巣駅」、東武日光線「板倉東洋大前駅」スクールバス
●https://www.kaichimirai.ed.jp/

【入試説明会】要予約
11月25日（土）13：00～14：15
11月26日（日）9：30～11：45
12月17日（日）9：45～11：00
※11月26日（日）は入試対策講座あり
※各日とも終了後に個別相談会あり

心を育て　学力を伸ばす

二《に》松《しょう》学《がく》舎《しゃ》大《だい》学《がく》附《ふ》属《ぞく》高等学校

〈共学校〉

地下鉄「九段下駅」から徒歩6分。都心にありながら、豊かな自然と歴史環境に恵まれたロケーションにある二松学舎大学附属高等学校（以下、二松学舎）。併設中学校のない共学の大学附属校として、新入生全員が同じスタートラインから高校生活を始めています。

三兎を追う生徒を求める アドミッション・ポリシー

二松学舎は、今後ますます多様化が進むと予想される社会を見据え、これまでも、そしてこれからも、日本に根ざした道徳心をベースに、自分で考える力、判断する力、行動する力を養う「学び舎」であり続けます。そして時代に求められる確かな学力、積極性、創造性、協働性を持った人材を育成するために、様々なプログラムを用意しています。

二松学舎がめざす生徒像は、「自らを高めようとする生徒」です。学習だけでなく、部活動や学校行事にも積極的に取り組む「高校生活の三兎を追う」生徒を求めています。

心を育て、学力を伸ばす カリキュラム・ポリシー

二松学舎は、独自の「論語」学習を中心とした人格教育によって、人として大切な心をしっかり育て、社会に役立つ真の学力の育成をめざしています。

●Address
東京都千代田区九段南
2-1-32
●TEL
03-3261-9288
●Access
地下鉄東西線・半蔵門線・
都営新宿線「九段下駅」
徒歩6分
●URL
https://www.nishogakusha-highschool.ac.jp/

学校説明会
11月18日（土）12月 2日（土）

受験なんでも相談会
12月 9日（土）

一般入試問題解説会
12月23日（土）

入試個別相談会
12月26日（火）

※すべて要Web予約

「論語」は、週1時間、1年生から3年間、積み上げて学びます。そして、そこで学んだ事柄を実生活に反映させられるような「実践」を意識した授業構成になっています。

二松学舎のもう1つの魅力が、道路を隔てて隣接する二松学舎大学との高大連携教育です。3年生では、自由選択科目として「書道」・「中国語」・「経営学」を大学の校舎で大学生と一緒に学び、二松学舎大学へ進学した場合は、大学の履修単位として認定されます。

また、千代田区九段という立地を活かした探究学習「九段フィールドワーク」を実施しています。二松学舎ならではの主体的・対話的な教育プログラムです。

「2022年度から、二松学舎大学の文学部のなかに歴史文化学科が開設されました。これにより『文学部』と『国際政治経済学部』の2学部6学科となり、生徒の進路選択がより広がりました。新しく開設された歴史文化学科には、日本史専攻、欧米・アジア史専攻、思想・文化史専攻があるので、歴史に興味のある生徒には貴重な学科となるのではないかと思います」と入試広報部長の車田忠継先生は話されます。

生徒の夢を実現させるグラデュエーション・ポリシー

二松学舎は、1年次は特進コース、進学コース、体育コース（硬式野球部のみ）の3コース制です。2年次から理系コースを加えた4コース制となり、生徒1人ひとりの適性に合わせたきめ細かいサポートを行い、4年制大学への現役合格を目標としています。二松学舎大学へは、3年間、一定基準をクリアできた生徒が推薦で進学しますが、ほとんどの生徒が他の難関私立大学へ進学しています。

2022年度大学入試の現役生の進学状況を見てみると、4年制大学への進学率は86・0％（昨年83・4％）、合格率95・2％（昨年94・7％）で、近年、高い数値で推移しています。

これらの結果を受けて、さらなる高みをめざすために、特進コースでは、2022年度より国公立大学の受験も視野に入れたカリキュラムを導入しています。進学クラスでは指名制の「ベースアップ講習会」を通して、進学コース全員の学力の底上げをめざし、学校推薦型選抜や総合型選抜など、多様な大学受験に対応していきます。また、コースを問わず、一般型選抜対象者は二松学舎大学併願制度を利用できます。

「これらの取り組みは、生徒の自立した学習習慣の確立が目的です。教えられるだけでなく、自ら目標に向かって主体的に学んでいってほしいと思います。ある教育事業会社が示す学力到達ゾーンを見ても、ここ数年、本校生徒の平均値が上昇しており、さらなる進学実績の向上が見込まれます。より難関大学へチャレンジしようという流れが学校全体で生まれてきましたので、色々な教育改革を進める環境が整いました。

ぜひ一度、本校へおいでいただき、目標に向かっていきいきと活動する生徒の姿をみていただければと思います」（車田先生）

《2024年度入試概要》

	推薦入試	一般入試	
	A・B・C推薦	一般Ⅰ 併願優遇Ⅰ	一般Ⅱ 併願優遇Ⅱ
募集人員	120名	80名	50名
	内、特進コース約40名		
試験日	1/22（月）	2/10（土）	2/12（月・祝）
試験方法	適性検査 面接	一般Ⅰ・Ⅱ：筆記試験・面接 併願優遇Ⅰ・Ⅱ：適性検査・面接	
合格発表	試験当日19時にWeb発表		

特色ある3コース・4クラスで
多様化する大学入試に挑む

佼《こう》成《せい》学《がく》園《えん》女《じょ》子《し》高等学校

「グローバルの佼成」として英語教育、留学、海外研修に定評がある佼成学園女子高等学校（以下、佼成女子）。特色ある3コース・4クラスで探究学習を推進し、これからの時代をたくましく生き抜く女性の育成をめざしています。

多様化する大学入試への対応

２０１４年にスーパーグローバルハイスクールとして文部科学省から指定を受けたのち、全校あげて探究学習を推進する佼成女子。その実績が評価され、２０２１年度からはＳＧＨネットワーク校に認定され、多様化する大学入試に対応するために、海外フィールドワークや課題研究ゼミ、企業探究クエストなど21世紀型学力の根幹を成す課題解決型の探究学習を積極的に取り入れています。

さらに、「スポーツフェスタ」「乙女祭（文化祭）」と並ぶ三大行事の１つとして、探究学習の成果を発表する場として「Presentation Day ～知の発展～」を設け、探究力だけでなく、生徒のプレゼンテーション能力の向上にも力を注いでいます。

学習指導要領改訂にあわせたカリキュラムの見直しも行っており、高2の特進コースと進学コースに「キャリアデザイン」という科目を設定。生徒が主体的に自分の進路を創造していくための授業で、学校推薦型選抜や総合型選抜など、多様化する大学入試に対応するためのキャリア展望を持つための授業として、いま力を入れています。

佼成女子では、これらの取り組みと並行して、東京都市大学や成城大学など、複数の大学との高大連携を推進しています。大学の教育と高度に接続しながら、推薦枠の獲得だけでなく、大学施設の利用や大学の単位認定制度など「真の高大連携」に向けてさらなる協議を進めています。

また、新たな教育スタイルとしてスコレータイムを導入。これはニュージーランド式時間割をアレンジしたもので、平日の朝はホームルーム＋スコレータイム（25分）、水曜日は2時間目と3時間目の間にスコレータイム（25分）があり、生徒たちは自習、探究学習、次の授業準備など、自由にこの時間を使っています。ニュージーランドに留学した生徒たちも現地では有意義な時間として利用していたようで、主体的・協働的な学びを行う時間として、有効に活用されています。

各コースの特徴と大学進学

少人数ゼミナールの様子

【国際コース】

国際コースは、「留学クラス」と「スーパーグローバルクラス」の2クラス編成です。

「留学クラス」は、高1の1月から高2の12月までの1年間、ニュージーランドの提携校にクラス全員が留学をするクラスです。現地ではホームステイ（1家庭1人）をしながら高校に通学し、現地の生徒と一緒に授業を受けて、課外活動にも積極的に参加します。提携校1校につき2～3名が留学するため日本人同士のなれあいもなく、留学に集中することができます。現地では探究活動の一環としてフィールドワークを行い、調査・研究を進め、留学の集大成としてシドニー大学で探究の成果を英語論文にまとめ発表します。毎年、英検1級取得者が複数出るクラスです。

「スーパーグローバルクラス」は、1人ひとりが地球規模の課題のなかから自分のテーマを設定し、探究活動を進めます。高1は、探究の方法論や異文化理解に必要な基礎教養を学び、高2の7月にタイで行われるフィールドワーク（約2週間）で自ら設定したテーマを調査・分析。そして高3では、その探究の成果をロンドン大学研修（約6週間）で英語論文として完成させ、大学の学生や先生に向けてプレゼンテーションします。グローバルリーダーとして世界で活躍するための人間力や自立心が養われていきます。

【特進コース】

ハイレベルな授業で国公立大学・難関私立大学への現役合格をめざすコースです。高1では、5教科7科目をまんべんなく学び、高2からは希望進路により文系と理系に分かれます。高3は演習授業を中心に行い、志望大学合格のための学力を養っていきます。また、入学時より理系を希望する生徒には、高1から週2回7・8時間目を利用した「特設理科・特設数学」の授業があり、多くの実験や演習を行うことで、より一層理解度を深めていきます。

探究活動では少人数ゼミナールを開講し、各自で調査・研究を進め、論文作成・研究発表を行います。

高大連携授業の様子

【進学コース】

勉強だけでなく、部活動や委員会活動、学校行事やボランティアなど多彩な学校生活に思いきりチャレンジしたい生徒のためのコースです。高1は5教科7科目の基礎を固め、高2から文系・理系の選択授業、高3では英・国・数の主要3教科に重きを置いたカリキュラムで、多様な大学入試を視野に入れた進路指導が行われています。

また、「食育」「保育」など多くの選択科目を設定し、それぞれの進路の受験科目に応じた時間割を組み立てることで、無理なく大学進学のための準備ができるようになっています。企業から与えられたミッションに取り組む探究活動も活発に行われています。

これらすべてのコース・クラスでは、年内に実施される学校推薦型選抜と総合型選抜を利用して大学へ進学する生徒が増えており、今年度は、国際コースと特進コースは約5割、進学コースは全員が年内入試で大学に進学しています。

佼成学園女子高等学校〈女子校〉

所在地：東京都世田谷区給田2－1－1

TEL：03-3300-2351

アクセス：京王線「千歳烏山駅」徒歩5分

学校説明会（要予約）

11月25日(土)　12月2日(土)

夜の入試個別相談会（要予約）

11月22日(水)　11月28日(火)

11月30日(木)　12月5日(火)

12月7日(木)

生涯の友人たちと切磋琢磨する3年間

北鎌倉にある「建長寺」に隣接する鎌倉学園高等学校は
自由で伸びのびとした校風のもとで文武両道を実践する男子校です。

鎌倉学園高等学校

神奈川　鎌倉市　男子校

所在地：神奈川県鎌倉市山ノ内110
TEL：0467-22-0994　URL：https://www.kamagaku.ac.jp/
アクセス：JR横須賀線「北鎌倉駅」徒歩13分

きめ細かな学習指導と理科探究「K-Labo」

鎌倉学園高等学校（以下、鎌倉学園）では、人として身につけなければならない社会の正しい道理を知り、心清くして悪を恥じ、不正を行わないという「礼義廉恥《れいぎれんち》」の校訓のもと、「自主自律」の禅の精神を現代に受け継ぎ「知・徳・体」のバランスの取れた人間形成をめざしています。

2022年度入学生より、これまでの英数クラスを廃止し、1年生全員がフラットな3クラス編成で高校生活をスタートしています。高2からは文系2クラス、理系2クラスの4クラス編成となり、全クラスが難関国公立大学、難関私立大学へ現役合格をめざすハイレベルな授業を展開しています。

「高1の数学では生徒の習熟度に合わせてクラスを2分割した授業を行っています。高2から文系・理系に分かれますが、主要科目では習熟度別授業を実施し、生徒1人ひとりに寄り添いながら進路実現をサポートしています」（入試対策部長・小林健一先生）

理数教育に力を入れている鎌倉学園ならではの特徴的な取り組みの1

つが、「K-Labo」とよばれる学年の枠を超えた理科の探究学習です。化学、物理、生物のすべての分野で高度な実験を含む探究が行われており、東京大学などの大学研究室を訪問して実験を見学する「研究室訪問」や大学の先生を招く「K-Laboフォーラム」などを開催しています。

グローバル研修を組み込んだ新たな体系の探究がスタート

鎌倉学園では、2022年度より「総合的な探究の時間」を活用した新たな探究学習がスタートしました。2023年度は12のテーマを設定し、高1・高2の2学年で実施しています。探究12テーマのなかには、ベトナム探究、ヨーロッパ探究、北米探究なども含まれていて、コロナ禍以前に実施していたグローバル研修と同じようなプログラムが探究として今後も継続されていきます。

一方、国内研修も充実していて、「小網代の森」探究や対馬を訪問する「国境の島から日本を考える」、またユニークなところでは在日ネパール人などと交流する「ネパール文化探究」など、昨年実施されたプログラムのなかで受講者の多かったものを厳選して実施します。

「本校の探究プログラムは、生徒の特性を知り尽くした教員がすべて創り上げたものです。この探究学習を通じて、将来、自分がどのように生きていくかを見つけるための手掛かりになれば嬉しいです」(小林先生)

座禅で漢を磨き文武両道を実践する

鎌倉学園は、建長寺が宗派の子弟育成のために設立した「宗学林」という教育施設を前身としており、今でも建長寺において毎年、坐禅教室が行われています。

「高1は全員参加で年に3~4回行います。観光客が入ることのできない禅堂で20分の坐禅を2回行います。冬場は雪が深々と降り積もる音が聞こえてくるような静寂のなかで行いますので、かなり本格的なものです。また、家庭科の授業として建長寺発祥の『けんちん汁』の試食体験などもありますので、歴史ある日本文化に触れることのできる貴重な経験になっているのではないかと思います」と小林先生。

また、鎌倉学園は、東京大学をはじめとした難関大学へ毎年多くの合格者を輩出する、神奈川県下でも屈指の進学校の1つです。進路指導プログラムでは、高1の1年間は、自分の好きなものを見つけ、じっくりと自分の世界を広げていく期間と位置づけ、将来の目標に向かって、高2からの文理選択を適切に判断できるようなプログラムを用意しています。さらに大学オープンキャンパスへの参加を促すだけでなく、生徒と年齢の近いOBと触れ合う『アカデミックキャンプ』(高1)や『進路フォーラム』(高2)など、高1から高3まで生徒の成長に即したプログラムを数多く用意しています。

座禅で漢を磨いた生徒たちは、勉強、部活動、学校行事などに3年間積極的に取り組んでいきます。好きなものを最後まであきらめずに継続する「文武両道」を教育モットーに掲げる鎌倉学園。2023年度大学入試では、上記表にあるように部活動に最後まで参加した生徒の多くが現役で難関大学への合格を果たしています。

クラブ名	現役合格者実人数
硬式野球（31名）	16名
筑波1　千葉（薬）1　早稲田4　慶應2　理科2　明治6　中央5	
サッカー（18名）	17名
筑波1　愛媛1　早稲田2　上智3　理科2　明治8　法政8	
硬式テニス（14名）	11名
北海道2　東北1　新潟（医）1　横浜国立1　早稲田2　理科2　明治3	
アメフト（12名）	8名
山形(医)1　東北1　早稲田1　慶應1　明治3　中央3　立教2	
軽音楽（22名）	13名
東京工業1　千葉2　東京海洋1　早稲田1　理科2　中央4	
考古学（6名）	5名
東京外語1　信州1　慶應1　上智2　明治2　青学1	

※クラブ名の右の人数は卒業生数です。

学校説明会（要Web予約）

11月25日(土) 10:00~

11月25日(土) 13:00~

12月 2 日(土) 10:00~

ミニ説明会

8月~12月の毎週月曜日

①10:00~　②15:00~

※15:00~はクラブ見学中心

君はもっとできるはずだ

修徳《しゅうとく》高等学校 ［共学校］

School Information

住所：東京都葛飾区青戸8-10-1
TEL：03-3601-0116
アクセス：JR常磐線・地下鉄千代田線「亀有駅」徒歩12分、京成線「青砥駅」徒歩17分
URL：http://shutoku.ac.jp

◆学校説明会（予約不要）
11月18日㊏　11月25日㊏
12月2日㊏　12月9日㊏
※いずれの日程も14：00～16：00の間でご都合のよい時間にご来校ください。
全体会は実施せず、すべて対面による入試個別相談と校舎見学を行います。

これからの社会でいきいきと活躍できる人材の育成をめざす修徳高等学校。勉強だけでなく、学校行事やクラブ活動など、高校3年間を主体的に思い切り楽しめる学校です。

進路目標に合わせた2クラス制

修徳高等学校（以下、修徳）では、「特進クラス」と「文理進学クラス」の2クラスを設置し、生徒の目標に合わせたクラス別教育プログラムを実施しています。

「特進クラス」は、高1から大学入試を意識したハイレベルな授業を展開し、それぞれの目標に向かってモチベーションを高めていきます。高2からは文理選択授業となり、大学の一般選抜の対策演習を繰り返し行うことで、国公立大学や難関私立大学への現役合格をめざします。

「文理進学クラス」は、勉強とクラブ活動の両立を図る文武一体のバランスの取れたクラスです。自己の適性に合った第一希望の大学を目標に、一般選抜をはじめ学校推薦型選抜や総合型選抜など、近年多様化する入試制度を活用して進路実現をめざしていきます。

「昨年度より民間の学習アプリを主

要教科に導入しました。これにより基礎学力の定着を図ることができ、自学自習の促進につながっていくのではないかと期待しています」と教頭の小笠原健晴先生。この学習アプリは、後述するプログレス学習センターと連携した運用を行っており、生徒の進路相談などにも有効に活用されています。

大学受験のための プログレス学習センター

修徳が誇る学習施設が、校舎に隣接する3階建てのプログレス学習センターです。2014年に大学受験専用学習棟として建設され、高1から高3まで自学自習の拠点として幅広く活用されています。

1階には、80席の独立した自習席があるプログレスホールや生徒の学習相談、進路指導を行うカンファレンスルームなどがあります。

2階は、壁面の色が集中力を高めるブルー、理解力を高めるイエロー、リフレッシュ効果のあるグリーンの3つの講習室に分かれていて、生徒はその日の気分に合わせて講習室を選択し、放課後にはハイレベルな講習を受講しています。

3階には多くの大学選抜過去問題集や参考書がそろえてあり、自由に閲覧することができます。また、友人と教え合いながら勉強できるスペースにもなっています。さらに、グループ学習のためのコモンルームや気分転換ができるカフェラウンジもあり、生徒たちはそれぞれの目的に合わせて利用しています。

「1階から3階の施設全体で約350席の自習席があります。普段は毎日200人ぐらいが利用していますが、定期試験前になるとすぐに満席になります。IDカードで全生徒の入退室を管理することで、大学受験を控えた高3生には優先的に席が割り振られるようにしています。土曜日も夜9時まで利用でき、学習をサポートするチューターが常駐していますので気軽に質問や相談をすることができます」(小笠原健晴教頭)

多様な選択ができる「総合文化部」が魅力!

野球やサッカーなど全国レベルのクラブ活動が有名な修徳ですが、初心者でも安心して参加できるクラブ活動がいま活気を帯びています。その1つが「バドミントン部」です。週3日程度の活動で勉強との両立が可能なため、在籍する部員はすでに100名を超えています。

また、1つの部内で色々な活動を体験できる「総合文化部」も人気です。これまでに科学班や家庭科班などがありましたが、今年度からボードゲーム班、かるた班、英会話班などが加わり、2つ、3つと掛け持ちで参加する生徒が増えたそうです。

「本校には強豪といわれるクラブ活動もありますが、初心者でも参加でき、勉強と両立できるクラブ活動も多くあります。11月、12月に入試個別相談や校舎見学、クラブ体験などを実施しますので、ぜひ一度ご来校いただき、本校の魅力を体験してみてください」(小笠原健晴教頭)

バドミントン部の活動の様子

プログレス学習センター

「文理進学クラス」の授業風景

総合文化部の集合写真

将来の目標を見つける3年間

光英VERITAS《ヴェリタス》高等学校

「地球を守る自覚と実践力のある次世代リーダー」の育成をめざす光英VERITAS高等学校。今回はその中核をなす「英語・グローバル教育」と「理数・サイエンス教育」の概要をご紹介します。　【タイアップ記事】

School Data〈共学校〉	
	所在地：千葉県松戸市秋山600
	アクセス：北総線「秋山駅」「北国分駅」徒歩10分、JR常磐線「松戸駅」・JR総武線「市川駅」バス20分
	TEL：047-392-8111　**URL**：https://www.veritas.ed.jp/

積極的な異文化交流「英語・グローバル教育」

光英VERITAS高等学校（以下、光英VERITAS）では、英語学習に力を入れる一方で、異文化交流を積極的に進めています。昨今の急速なグローバル化にあわせ、多様な他者とともに生きるための資質や、能力の育成を重視しているからです。

「先日マレーシアのチェンパカ・インターナショナル・ハイスクールの生徒53名が、本校の生徒と交流するために来校し、書道や海苔巻きづくり、浴衣の着付けといった日本文化を体験しました。本校の生徒たちも英語で校舎案内をするなど、みんなで楽しい1日を過ごしました」と話すのは冨田万貴子先生です。

今回来校したチェンパカ・インターナショナル・ハイスクールは、昨年光英VERITASが、日本代表として参加した「マレーシア日本フェスティバル」でオンライン交流をした学校で、今後はさらなる相互交流の高まりが期待されます。つづいて台湾の高校の来校も決まっており、年間を通じて様々な異文化交流の機会が用意されています。

光英VERITASでは、英語は世界で活躍するための必要不可欠な言語ツールと考え、4技能5領域をしっかりと高めていきます。具体的には、朝学習では英語の多読活動を、英会話の授業では、個々のレベルにあわせた25分間のオンライン・レッスンを取り入れています。

さらにグローバルプログラムとして、希望者対象の4日間英語漬けの「フィリピンメソッド」やアメリカ語学研修、1月から約2か月間のニュージーランドターム留学などがあり、高2の1月には英語・グローバル教育の集大成として、全員参加のイギリス修学旅行が予定されています。

「世界で起きている事象を自分ごととしてとらえ、自分ができること

を行動に移し、世界を望ましい方向に変えていける大人に成長してほしいと願っています」(冨田先生)

生徒をワクワクさせる「理数・サイエンス教育」

光英VERITASの理数・サイエンス教育は、地球で起きている現象を理数的にとらえ、自分にできることはなにかを考え、実践していくことを教育の柱においています。

高1の授業では、SDGsに関連する課題についてグループ探究を行います。高2は個々の課題設定に基づいた探究を進め、高3の前半までに論文にまとめていきます。

「本校では理科実験の際に、どんな材料を用意すればいいのかを生徒に考えさせます。なんのためにその材料を用意するのかを考えることで、実験自体を自分ごととしてとらえて主体的に取り組んでほしいのです。そうすることでより理解も深まっていきます。また、授業にゲーム的要素を取り入れて、理科に取り組みやすくするような工夫もしています」と話す笠牟田勇人先生。

また、放課後には学年の枠を超えてみんなが楽しめる「誰でもサイエンス」という取り組みを行っています。科学部の生徒の協力で実施される「わくわく科学教室」や、校舎4階からエッグプロテクターに入れた卵を落とし、卵が割れなかったプロテクターで一番軽いものを優勝とする「エッグドロップコンテスト」など、生徒がワクワクするような仕掛けを推進中です。

「生徒には、イメージすることが大事だとよく言っています。実験でも、授業でもイメージを持って取り組むことで、『なぜ? どうして?』という疑問をより論理的に考えるようになるからです」(笠牟田先生)

東京理科大学との連携協定の締結や、新しい実験機器の導入など理数・サイエンス教育に力を注いでいます。

第一志望進学を大事にするVERITASのキャリア教育

光英VERITASでは、人や社会や自然に貢献するというテーマで、「探究科」の授業を全学年で週1時間実施しています。

「私たちが大事にしたいのは第一志望進学です。『探究科』の取り組みを通して、将来なにをやりたいかを考え、そのための学びを目的とした大学選択をしてほしいのです。そうすることでより学びの質が高まり、結果として上位の大学へ進学できるようになると考えています」と副校長の大野正文先生は語ります。

光英VERITASは、探究的な学びを主とする一方、それを補完する目的で今年度より英語・数学を軸に補講・補習を実施し、知識・技能の習得をさらに強化しています。成績上位層は補講でさらに学力を伸ばし、下位層には補習で基礎学力を定着させていきます。そして、それぞれが自習室を主体的に利用することで、いま以上に好循環な学習スタイルを生み出せると考えています。

「今年、東京大学に合格した生徒も、将来なにをやりたいかを考えたときに、その学び場として東京大学があったのだと思います。みなさんも光英VERITASで学びたいことがきっと見つかるはずです。そして、その学びは必ず将来の目標につながっていきますので、ぜひ私たちと一緒に光英VERITASで将来の目標を見つけてほしいです」(大野副校長)

入試説明会

11月12日(日) 9:30～11:30
12月 2日(土) 9:30～11:30

個別相談会

11月25日(土) 9:30～11:30
12月23日(土) 9:30～11:30
12月24日(日) 9:30～11:30

※すべて予約制です。

お役立ちアドバイス！

受験生へのアドバイス

入試直前に取り組むべきは得意科目と不得意科目のどちらがいいのかと悩んでいる受験生へ。

得意科目と不得意科目を交互に勉強してみてはどうですか。

Advice

入試が日ごとに近づいてくると、色々と心配事が出てくるものです。

勉強の進め方もその１つですが、入試直前期に得意科目と不得意科目のどちらを優先すべきかについては、個人差があるので一概にどちらを優先すべきとは言えません。入試は総合点で判定されますから、得意科目でいい点をとり、不得意科目で失点をできる限り小さくすることが合格への近道です。

そこで、まず忘れないでほしいのは、入試直前期には新たなことを勉強するよりも、これまで勉強してきた内容の復習に力を入れる方が有益だということです。

そこで１つのやり方として、得意科目と不得意科目を交互に勉強する方法があります。まずは取りかかりやすい得意科目から勉強し、次に短時間でもいいので、不得意科目の理解しきれていない部分の確認や復習を、少しずつやってみてはどうでしょうか。

そして、これまでやってきたことに自信を持って入試に臨みましょう。編集部一同、みなさんを応援しています。

知って得する

保護者へのアドバイス

塾のテストの成績が伸び悩んでいて心配に思われている中1・中2の保護者の方へ。

目先の成績ばかりにこだわらず、しっかり予習・復習をする姿勢を身につけることが大切です。

Advice

中1・中2の段階では塾でのテストの成績をあまり気にする必要はないと思います。塾のテストは、これまで塾で学んだ内容を前提として、それぞれの生徒がめざす目標に到達しているか、学んだことが知識として定着しているかといったことを確認するために実施されています。その後の塾での指導に向けて、生徒の理解度や定着度を測るためのものであり、決して生徒を序列づけして、学習を促進させることが目的ではありません。

いまの段階では、テストの点数や順位に注目するよりも、返却された答案をなるべく丁寧に復習することに力を入れるのが大切です。なぜ正解にいたらなかったか、どこでミスをしたかをしっかりと確認するように、お子さんにアドバイスしてみてはいかがでしょうか。

塾のテストは、あくまでも学習の経過確認です。そこでいい点をとるに越したことはありませんが、決してそれがゴールではありません。いま、みなさんがめざすべきは志望校への合格、そしてその先にあるまだ見ぬ世界へのチャレンジです。

知性 進取 誠意

2024年度 入試予定

入試説明会（オンラインで実施）（要Web予約）
11月 5日(日) 9:00～10:00
11月12日(日) 9:00～10:00

個別相談会（本校にて実施）（要Web予約）
11月11日(土) 14:00～17:00
11月18日(土) 14:00～17:00
11月25日(土) 14:00～17:00

	推薦入試	第1回 一般入試	第2回 一般入試
募集人員	男女130名	男女 320名	
コース	進学コース 130名	特進コース120名・進学コース200名	
試験日	1月22日(月)	2月10日(土)	2月12日(月･祝)
選抜方法	推薦書・調査書・作文・面接	調査書 学科(国・数・英)	調査書 学科(国・数・英)

錦城高等学校 男女共学

〒187-0001 東京都小平市大沼町5-3-7 TEL 042-341-0741
https://www.kinjo-highschool.ed.jp/

特別進学クラス　大進選抜クラス　大学進学クラス

保善高等学校

100年の歴史を基盤に
「新しい自分・自分が望む自分」を創る単独男子校

3年連続 80%以上の4年制大学現役進学率を実現！

交通アクセス

高田馬場駅より 徒歩**8分**
- JR山手線
- 西武新宿線
- 東京メトロ東西線

西早稲田駅より 徒歩**7分**
- 東京メトロ副都心線

西武池袋線・東武東上線・東急東横線・みなとみらい線が相互乗り入れ運転

〒169-0072 東京都新宿区大久保3丁目6番2号

資料請求

入試広報部 フリーダイヤル
0120-845532

保善高校 検索　スマートフォンでもご覧頂けます　hozen.ed.jp

資料請求やWeb予約はホームページから

学校説明会と個別相談会　Web予約が必要です

11/18(土)　11/25(土)　12/2(土)　全日程10時開会

日程は変更になる場合がございますのでHPで最新の情報をご確認ください。

個別受験相談会　Web予約が必要です

11/19(日)	10時〜15時
12/3(日)	10時〜15時
12/9(土)	10時〜15時
12/17(日)	10時〜15時
12/4(月)	15時〜18時
12/5(火)	15時〜18時
12/6(水)	15時〜18時
12/7(木)	15時〜18時
12/8(金)	15時〜18時

入試日程

単願・併願推薦入試	一般入試
1/22(月)	A: 2/10(土) B: 2/12(月振) C: 2/24(土)

特別進学クラス 30名 大進選抜クラス 60名 大学進学クラス 210名

神奈川県●共学校

慶《けい》應《おう》義《ぎ》塾《じゅく》湘《しょう》南《なん》藤《ふじ》沢《さわ》高等部

１９９２年に異文化理解とＩＣＴ教育を教育の柱として開校された慶應義塾湘南藤沢高等部。開校当初から、多様な環境で育った生徒が集い、互いに刺激を受け、視野を広げることでグローバルな社会で活躍する基礎を身につける教育を実践しています。今回は主事の辺見広隆先生にお話を伺いました。

生徒たちの「多様性」を重視する教育方針

本校では、開校から30年以上、積極的に多様な生徒を受け入れてきました。様々なバックグラウンドを持った生徒たちが同じ教室で学ぶことで相互に刺激が生まれる環境です。

高等部では、首都圏1都3県以外の道府県在住の受験生を対象とした「全国枠入試」を実施しており、日本全国から生徒が集まってくるところも本校の大きな特徴です。

日本国内でも地域によって違いがあり、「全国枠」の生徒は多くの生徒たちに刺激を与える存在になってくれています。

中等部からの内部進学、帰国生、全国枠の入学生が混ざり合うようにクラス編成を行っていますので、入学方式による偏りはありません。

高等部からの入学生は、入学後にクラスに溶け込めるかという不安もあるかもしれませんが、内部進学の生徒もそれぞれ多様な経験を持ち、他者を受容する素養が備わっていますので全く心配ありません。

海外生活の長い帰国生には、臆することなく「自己を表現する力」を存分に発揮し、積極的に周囲と関わってくれることを期待しています。

英語を学ぶのではなく英語で学ぶ学習環境

英語はレベル別にα・βの2クラスに分けて授業を行っています。

αクラスではネイティブ教員が授業を担当し、英語を学ぶのではなく、英語を用いてどのように思考し、表現するかを学んでいます。アカデミックなエッセイに取り組んだり、ディベートを行ったりと、大学・社会に出てからも通用する力を身につけることを目指しています。6年生（高校3年生）αクラスでは、模擬国連にも挑戦し、英語でプレゼンすることはもちろんのこと、国の抱える課題をいかに理解し、発信するかという国際教育にも取り組んでいます。

また、海外の学校と交流する環境も整っており、現在は7か国12校との交換留学プログラムを用意してい

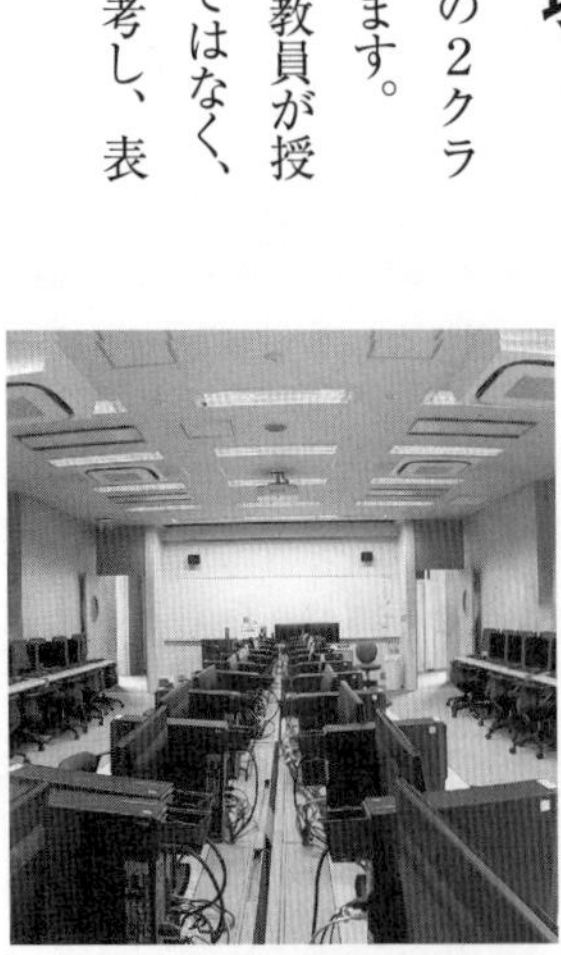
タブレット端末から高性能PCまで幅広く整備、さらにBYODも導入し、様々な場面で情報機器が活用されています。

主事 辺見《へんみ》 広隆《ひろたか》先生

ます。社会状況でしばらく実施できていないものもありましたが、今年の夏は韓国への留学を再開し、今後も順次各国でのプログラムを再開する予定となっています。

海外生活の中で培った語学力をベースに、本校の学びの中で思考力や表現力にも磨きをかけ、世界で活躍できる広い視野を持った人材となって欲しいと思います。

高大連携プログラムと進路選択

同じキャンパス内には慶應義塾大学の複数の学部が設置され、大学での学びを早い段階から意識することができる環境となっています。

大学の一部の授業を受講可能で、自分の興味のある分野について学びを深めることができます。

また、5年生（高校2年生）の12月までに慶應義塾大学の全ての学部の説明会に参加する機会があり、各学部の情報を十分に知ったうえで将来の進路を選び、学習に取り組んでいきます。

さらに、現役の大学生の生の声を聞くことができる懇談会では、実際の学生生活や研究内容を聞くことで、より進学後の姿をイメージしやすくなっています。近年は懇談会をオンラインで実施することで、バイオ研究を主とする山形県の鶴岡タウンキャンパスの学生にも話を聞くことができるようになるなど、進路選択の幅が広がったように思います。

海外での経験を大事にしながら、慶應義塾ならではの教育で個性を伸ばし、将来につながる学びを深めたい受験生には最適な環境です。

人とのつながりを大切にする受験生へ

本校の入試は、TOEFL iBT 70点以上、IELTS 5.5 以上、英検準1級以上のいずれか1つ以上の資格を取得している方を対象に、国語、数学、面接（英語と日本語）による帰国生入試を実施しています。

英語力だけではなく、国語力や数学的な思考力も含めて総合的に判断していますので、バランスよく学習して受験に臨んでほしいと思います。面接試験については、英語そのものの力とともに、英語を用いてどれだけ表現ができるかというコミュニケーション力や理解力も確認しています。

本校は、大学やその先の社会生活を含めて「人とのつながり」を大事にしています。慶應義塾の「塾員」の一人として、長期的な関わり合いやコミュニケーションを大切にしたいと考える受験生をお待ちしています。

スクールインフォメーション

所在地：神奈川県藤沢市遠藤5466
アクセス：小田急江ノ島線・相鉄いずみ野線・横浜市営地下鉄ブルーライン「湘南台駅」バス15分
ＴＥＬ：0466-49-3585
ＵＲＬ：https://www.sfc-js.keio.ac.jp/

2023年3月　慶應義塾大学進学状況

文学部…5名／経済学部…60名／法学部法律学科…32名／法学部政治学科…32名／商学部…16名／医学部…7名／理工学部…37名／総合政策学部…15名／環境情報学部…21名／看護医療学部…0名／薬学部薬学科…5名／薬学部薬科学科…1名

早稲田アカデミー国際部から

入試直前期の過ごし方

帰国生入試が本格化する時期になりました。これまでの積み重ねの成果を発揮するために3つの点に注意しましょう。まずは体調管理です。うがい手洗いなどの基本を徹底してください。2つ目は生活リズムです。脳が覚醒するまでには2～3時間かかるので、試験開始時間に合わせて起床するようにしましょう。そして3つ目は入試本番のイメージ作りです。過去問を解くときは当日と同じ時間、科目順で、本番さながらに取り組みましょう。試験当日の休憩時間に何をするかも今のうちに考えておくとよいですね。

入試直前対策講座（中3）

開成高・国立附属高・早慶附属高などの難関高を目指す中3帰国生のための入試直前に行う特別講座です。少人数制の授業で、面接練習や作文添削も実施します。1/9㈫～2/5㈪の全20日間で開講。詳細はWebで。

知ってるかな？ いまの大学はどうなっている？

中学生の未来のために！

大学入試ここがポイント

新聞の教育欄や大学進学を扱う雑誌記事に「変わりゆく大学」とか「大学再編」、「新設学部探訪」などの見出しが踊ることもあって、大学の変化や入試制度変更の話題が目につきます。数年後に大学に進もうとするみなさんには、これらの情報に敏感にもなってほしいものですが、まずは、ここまでにわかっている変化の概略をお伝えします。

NEWS

大学の変化は社会の変化に敏感に対応している

本誌は中学生をおもな読者として想定し、高校受験に向けて頑張っている中学生に受験情報をお届けしていますが、このページでは、その先の大学に関する情報や大学入試の動向などをお伝えしています。なぜなら高校進学を考えるときは、大学までを見通して考えてほしいという思いがあるからです。

今月号では、保護者のみなさんの学生時代とは大きく変化している、いまの大学の現状と、大学の入試制度についてみていきます。

大学にしろ、大学入試制度にしろ、そのあり方は、社会状況の変化に伴って変わります。

大学は学生あっての大学です。魅力がなければ学生は集まりません。集まらなければ大学は存在そのものが問われることになりますから、社会のニーズに合わせて変化せざるを得ないのです。

大学入試制度についても、「毎年」という表現が許されるほど、頻繁に変更されています。

その現状を受けて「大学入試は情報戦」とまでいわれるようにもなっています。

大学入試センター試験は大学入学共通テストに

大学入試センター試験（以下、センター試験）に代わって実施されるようになったのが、大学入学共通テスト（以下、共通テスト）です。センター試験は「詰め込んだ知識の多少を試す問題だ」との批判から、2021年度より導入された共通テストは「知識を活用しながら思考力や判断力を発揮して解くような問題」が多くなりました。様々な資料を読み込んで考えて解く問題が主流です。センター試験よりも思考力・判断力・表現力が問われる内容です。

共通テストを受験するのは国公立大学の一般選抜受験者と、私立大学入試で共通テスト利用方式を受ける私立大学志願者です。志願者は毎年50万人を超えます。

学校推薦型選抜、総合型選抜その募集定員を増やす方向に

共通テスト採用年と同じ2021年度大学入試から、推薦入試とAO入試は、それぞれ、学校推薦型選抜、総合型選抜という名称に変わりました。

両入試には「無試験」のイメージがありました。このため2021年度入試からは、両入試とも小論文や共通テストなどで「知識・技能」「思考力・表現力・判断力」などを問うことが求められるようになりました。それでも一般入試よりも「難しい筆記試験なし」「早く合格が決まる」ことから人気があり、大学側も早めに学生を確保できるメリットから、その拡大に

積極的です。

早く合格が決まる、両入試では年内に選考を終えます（国公立大学などで共通テストを課す場合は1月まで）。

いまでは私立大学入学者の60％近くが両入試での合格者。国立大学でも20％近くとなっています。

とくに国立大学は、両入試と国際バカロレア入試を合わせた定員を、募集定員の30％にまで拡大する目標を公表しています。

学生を取りあう 背景には少子化がある

このように各大学が早め早めに学生を確保したい、その背景には少子化があります。

18歳人口は1992年の205万人をピークに減り続け、これから集計される「2023年集計」では110万人（ピーク時の約55％）にまで減少するとみられています。このことから各大学は生き残りをかけ、募集定員の数もさることながら、早めの入学者確保策を打ち出しているのです。

各大学は魅力的な大学像を求めて、教育改革にも取り組んでいます。これは授業内容やカリキュラム、施設充実、就職支援などにおよびます。

どの大学も教育の質の向上をめざし、受験生に大学の魅力や特色をアピールしようと必死です。それは国公立、私立を問いません。大学の個性化も、その狙いの1つになります。前号までに記事にしてきた理工系学部の新設、再編などもその表れだといえます。

大学を選ぶ側も、ここまで述べた背景を研究して臨む必要があります。従来通りの大学イメージや合格難易度だけで大学を選ぶのではなく、本人の志望内容と合致した学部を探し、そのうえでその学部がある大学をピックアップしていく。そんな順番が賢明でしょう。「大学でなにが身につけられるのか」という視点が大切です。

大学の入試制度は多様化へ 自分に有利な制度を探す

最近は大学入試制度も多様化の時代に入りました。ある学部に入学しようとするなら、入試科目や配点、さらに入試方式も、様々な方向からアプローチできるよう、受験生に配慮されています。

1つの学部なのに何種類もの方法が準備されているわけです。

このように受験機会は確実に増えています。ということは、受験生は自分に最も有利な入試方式・制度を見つけることがスタートだということです。スタートでありながら、それが「合格への近道」なのです。

このことについては、志望する大学のホームページを確認し、入試の最新情報を集めるようにしましょう。

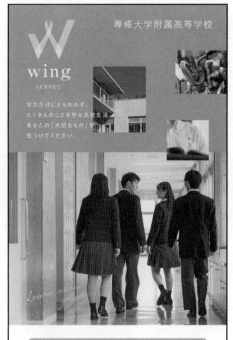

東大入試突破への現代文の習慣

東大入試を突破するためには特別な学習が必要？　そんなことはありません。身近な言葉を正しく理解し、その言葉をきっかけに考えを深めていくことが大切です。田中先生が、少しオトナの四字熟語・言い回しをわかりやすく解説します。

早稲田アカデミー教務企画顧問

田中としかね

東京大学文学部卒業
東京大学大学院人文科学研究科修士課程修了
専攻：教育社会学
著書に『中学入試 日本の歴史』『東大脳さんすうドリル』など多数。文京区議会議員。第48代文京区議会議長、特別区議会議長会会長を歴任。

田中先生の「今月のひと言」

「優秀さ」は「行為」ではなく、「習慣」によって決まります！

今月のオトナの言い回し

思い立ったが吉日

女子生徒が鞄につけていた「お守り」に目がとまりました。なんとも色鮮やかで、お花の模様が描かれている「かわいい」お守りだったからです。「京都のおばあちゃんが贈ってくれたお守りなんですよ」と、説明をしてくれました。そのときは知りませんでしたが、後から私も調べてみましたら、京都の東山区にある勝林寺というお寺の「お守り」だったようです。勝林寺は「SNS映えする花手水《はなちょうず》」で有名なお寺なのです。「花手水」というのは、神社やお寺の参拝前に手や身を清める「手水鉢《ちょうずばち》」の中に花を浮かべたもののことです。手水鉢の中に色とりどりの花が浮かんでいる風景がとてもかわいらしく、「フォトジェニックな写真が撮れる！」と若い世代を中心に話題になっているのです。勝林寺の花手水は「とにかくゴージャスなのが特徴」だといわれていますよ。私もインターネットで検索して確認してみましたが、手水鉢に花を浮かべるというよりも「花を盛る」と表現する方がしっくりくるほど、華やかにお花が敷き詰められているのです。

でもそのときに私が注目したのは、お守りの「お花の柄」ではなく、そこにご本尊として記されていた「吉祥天女《きっしょうてんにょ》」という刺繍でした。「めずらしいね！吉祥天のお守りは初めて見たよ！」と声に出してしまったほどです。吉祥天というのは、インドの神話に由来する豊穣や福徳をつかさどる女神のことです。インド神話ではラクシュミーという名前の女神様でしたが、仏教の世界に取り入れられて吉祥天という名前になったのでした。日本に伝わった歴史は古く、奈良時代に花開いた天平文化を代表する絵画として『薬師寺吉祥天像』が挙げられますが、そこに描かれているのがまさに「吉祥天」なのです。「三日月眉・切れ長の目・赤い小さな唇・ふくよかな頬」という「天平美人《てんぴょうびじん》」の表現が特徴です。国宝に指定されていますからね。国際色豊かな「シルクロードの終着点」と称される「天平文化」は確認しておいてくださいね。聖武天皇の時代ですよ。

「このお守りは『学業成就』のお守りとして鞄につけているの？」と聞いてみたところ、「特に考えてはいません。おばあちゃんがくれたかわいいお守りだったから」という答えでした。「吉祥天」といえば「美と豊穣と幸運」の守り神ですからね。おばあ様も「孫の幸せ」を願って贈ってくださったのでしょう。「でも知ってる？　吉祥天は、願えば数学の問題が解けるというエピソードを持つ女神なんだよ！」「本当ですか！　知りませんでした！」

インドの有名な数学者にラマヌジャンという人がいます。1887年に生まれ、1920年に亡くなった人ですので、すでに没後100年が経過しています。彼は「天才的なひらめき」をもった数学者といわれてきました。毎日のように新しい数学的発見をノートに記し、周囲を驚かせたのです。現在では20世紀を代表する大数学者と讃えられていますが、当時、彼の業績はなかなか評価されず、失意のなかで32歳の短い生涯を終えたのでした。なぜ評価されなかったのか。それはそこに「証明」がなかったからです。数式を導き出す論理的プロセスを飛ばして、一気に結論を提示したからです。この方法が、数学界では認められませんでした。ではラマヌジャンはどうやって数式を導き出していたのか？彼は言います。「ナマギーリ女神が舌に数式を書いてくれる」と。ナマギーリ女神とは、ラマヌジャンの地元で信仰される女神で、ヒンドゥー教のラクシュミーという女神のローカル版だといえます。そのラクシュミーが仏教に取り込まれ、吉祥天として日本にも伝わってきていることは先に述べた通りですよね。

「じゃあこの『吉祥天』のお守りを持っていれば、数学の問題が解けるようになるっていうことですか！　私、数学が苦手なんです！」「だといいけどね（笑）」ラマヌジャンは女神への信仰の証《あかし》として「数学の問題を解く」ということにのめりこんでいったのですよ。お祈りをすることを朝昼晩の習慣とするように、数学の問題を解くことを習慣化することで、たどり着いた境地なのだといえます。ですから、同じように「習慣化」すれば、少なくとも数学への苦手意識はなくなるのではないでしょうか。

「せっかく『吉祥天』のお守りをつけているのだから、これも何かの縁ですよ。お守りを思い出したら、数学の問題を一問解く！を習慣にしてみましょう。『思い立ったが吉日』です。すぐに始めましょう！」と、生徒にはアドバイスをしました。

「思い立ったが吉日」というのは「何かを始めようと思ったときには、直ぐに実行に移したほうがよい」という意味のことわざですね。ある生徒が面白いことを教えてくれました。「その日以降は全て凶日」というものです。少年マンガの主人公が口にしたセリフだそうで、「始めなければヤバイ！」という気持ちが倍増するのだそうです。これは心理学的には「カウントダウン効果」というものですね。「期限を知らせると、つい行動してしまう」というもの。い

い発想だと思います。

　あらためて「習慣化」の重要性を認識してくださいね。「卓越性（優秀さ）は、一つの行為ではなく、習慣によって決まる。繰り返し行っていることが、われわれ人間の本質である」というのは、古代ギリシャの哲学者アリストテレスの言葉ですよ。

今月のオトナの四字熟語

論点整理

「論点整理」は文字通り「議論になっているポイントを整理する」という意味で使われる四字熟語ですね。議論を続けていると、さまざまな意見が飛び交います。「あちらを優先すべきだ！」「こちらに留意すべきだ！」と「あちこち」にポイントがずれていきます。その際に「そもそも何を論じるべきなのか」を「あらためて整理しなおす」ことで、課題解決に向けて有効な議論の土台を形成することが、「論点整理」の意味なのです。

　東京都は今年の7月に「少子化対策の推進に向けた論点整理」を公表しました。昨年の都内の「合計特殊出生率」が全国最低の1・04となり、6年連続の下落を記録したことを受けての発表です。「少子化」と呼ばれる傾向は、これまでも長く指摘され続けてきたことではあるのですが、その要因は複合的であり、東京都としても根本的な対策を立てられずにきた課題なのです。「そもそも結婚につながる出会いがないことが問題だ」「家事や育児のワンオペ化が問題だ」「子育てをする住宅スペースがないことが問題だ」「教育にお金がかかりすぎることが問題だ」等々、課題を挙げられることはあったのですが「では何から手をつければよいのか？」に答えることが難しかったのです。

　そこで登場したのが「論点整理」になります。具体的には①「出会い・結婚」②「妊娠・出産」③「子育て期の支援」④「教育・住宅」⑤「就労環境」⑥「職場環境」⑦「社会気運・環境整備」の7つの分野ごとに現状分析調査を実施し、あらためて課題を整理したのでした。これを「羅針盤」として、東京都は政策の優先順位を付けて具体的な支援策を打ち出していくことになります。

　中学生の皆さんに「少子化対策」のお話を紹介したのは、「時事問題」として東京都の話題を提供したかっただけではありません。達成することが難しい課題に対して、どう取り組むべきなのか？ということを意識してもらいたかったからです。困難に対して、なにか「魔法の杖」のように「これで全て解決！」となるような簡単な方法など「ない！」という前提認識が必要なのです。一つひとつ問題点を確認して、一つひとつ着実に、解決を図っていくしか方法はないのです。地道な積み重ねこそ、問題解決に至る唯一の道なのですよ。

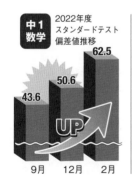

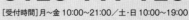

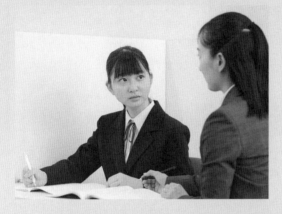

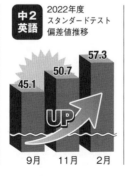

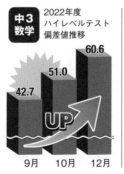

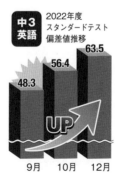

第一志望高校合格に向けて、一生懸命取り組んでいる各科目の勉強。
せっかく努力を重ねるなら、少し先のことも考えて、
大学受験にも生きる学力を身につけてほしい！
そこで、早稲田アカデミー大学受験部の先生方が、
未来に生きる学習の進め方を科目別にアドバイス。
今回は、藤井先生が国語の学習ポイントについて解説します。

大学受験のポイント、私が教えます！

早稲田アカデミー
大学受験部
東大必勝コース　国語担当
藤井《ふじい》 善貴《よしたか》先生

未来に生きる おすすめ 勉強法

1 今の古文学習は大学入試の“先取り学習”

今、皆さんが取り組んでいる古文の学習は、必要最低限の単語と文法の知識のみを駆使して、文章全体の意味をつかむ、というもの。実は、この学習は大学入試の古文読解にも役立ちます。細かな単語知識は高校入学後に計画的に学習すれば大丈夫。まずは古文に慣れ、文の流れを把握する力を身につけるため、受験する高校の過去問に限らずできるだけ多くの古文に触れておきましょう。

2 「昔の人々」に興味を持とう

古文の学習では、結婚形態の違いや仏教思想の影響など、いわゆる古文常識を理解することも大切です。また、漢文には「人間」「左右」など馴染みのある熟語が出てきますが、「人間《じんかん》＝社会一般」「左右＝側近」のように、現代の日本語とは全く違う意味を持つ場合もあります。その当時の人々が「どんな文化を持ち、どう考え、どう暮らしていたのか」に興味を持つと、自然と知識が身につきます。

3 ジャンルを問わず、本を読もう

「本を読んでも国語の得点には直接結び付かない！」と思うかもしれませんが、そんなことはありません。過去問演習などで読んだ作品・作者で面白いと思ったもの、気になるものがあったら、ぜひ原典にあたってみてください。また、書店に行ったときにはブルーバックスや岩波ジュニア新書のコーナーに立ち寄って、気になるタイトルの本があればぜひ読んでみましょう。

4 目の前の課題に全力で！

どの科目でも同じですが、勉強は入試のためだけに取り組むものではありません。学び、考え、知識を得た後は「世界が以前と違って見える」ということがあります。それは、皆さんが「より細やかに、より多角的に世界を見る」力を身につけたからです。「苦手だから」と避けて通るのではなく、今、目の前にある課題に全力で取り組んでいきましょう。自分でも気が付かないうちに、一段上の自分になっているはずです！

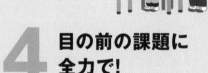

＼頑張れ高校受験生！／／

今の努力を未来に生かそう

――大学受験を見据えた学習の進め方―― 国語

＼藤井先生が教える／

国語の学習 ココがポイント

国語が得意な人も、もう一度「大学受験に向けた学習」が必要！

求められる知識が膨大に。3年後を見越した学習計画を早めに立てよう。

高校国語　学習のポイント①

現代文＝「現代語の文」ではない!

大学入試で出題される現代文は、「『現代をより良くしていくために今後どうすべきか』が述べられている文章」です。つまり、これまでの社会や現代社会の特徴について深く理解していないと、正しく読み解くことができないのです。

高校国語　学習のポイント②

必要な文法知識は高校入試の10倍!?

大学入試の古文では、文章を単語ごとに品詞分解し、助動詞を中心に正確に現代語訳する必要があります。そのため、高校入試では100語程度だった古文単語は約4～5倍、文法知識は約10倍の量を覚える必要があります。

大学入試の特徴 国語編

1 国語なのにグラフ・資料の読み取り問題!?

2025年度から、「大学入学共通テスト」の国語では大きな変更があります。大問が一題追加され、**グラフやレポートなどの資料**をもとにした文章の読み取り問題が出題される予定です。従来出題されていた評論・小説・古文・漢文などが減るわけではありませんから、**負担が増える**と考えてよいでしょう。

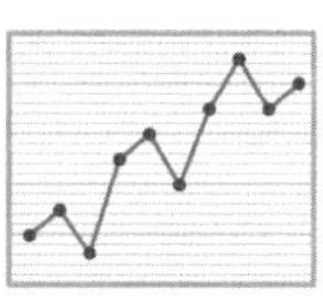

2 「記述力」がますます重要に

国公立大学の入試は、**記述問題のみ**の出題が大きな特徴です。**思考力・記述力**がごまかしのきかない形式で問われるといえます。一方、私立大学の入試では細かな知識を問う問題や正誤判定問題が多いのですが、難関私立大学では、思考力重視の傾向に伴い記述問題を出題するところも増えています。

3 大切なのは「計画的」な入試対策

国語では、他科目より比較的早い時期から志望校別の対策に取り組むことができます。ただし、その前に**新しく覚えなくてはならない知識**が膨大にあることを忘れてはいけません。中高一貫校生が6年かけて力を伸ばしていくことを考えると、**高校1年生から計画的に**学習をスタートさせる必要があります。

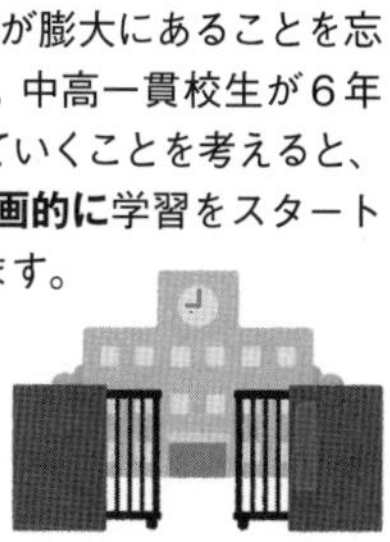

開智高等学校

開智高校の受験システム「自分に合った学びのフィールド」

開智高校のコース設定は3種類、入試の結果によって3つのコースに選別されます。【タイアップ記事】

3種類のコース設定とは？

開智高等学校（以下、開智）は各コースの到達目標として、Tコース「東大・京大・国公立最難関医学部コース」、S1コース「難関国公立大学・早慶現役合格コース」、S2コース「国公立・GMARCH現役合格コース」という各コースに目標を設定しています（各コースの到達目標は入学する際の目安として考えてください）。

高校1年生では各コースともに、同じ教科書で同じ範囲まで進みます。各コースの進度は一定ではないのですが、同じ範囲にすることで、校内での自分の成績位置が定期テストや模試結果からはっきりとわかります。そして一年間の定期テストや模試の結果をふまえ、2年生からは、理系コース、文系コースを自分で選択し、それぞれのコースが成績順位によってクラス編成し直されます。

つまり、1年生でTコースに入学したとしても、2年生ではTコースとは限りません。1年生でS1、S2コースに編成されていても、Tコースになる場合もあるわけです。

また、2年生ではS1コースとS2コースは合併され、名称はSクラス（S1+S2）になります。2年生も1年生の時と同様に、理系コース、文系コースに分かれたあと、同じ教科書で理系、文系同じ範囲で授業が進められていきます。

3年生になると1・2年生の時のクラス編成方法とは違い、2年生で担任との面談を何回も行い、本人の希望と模試などの結果をふまえ、理系国公立大学進学コース、文系国公立大学進学コース、理系私立大学進学コース、文系私立大学進学コースを選択することができます。授業内容やそれぞれのコースで授業時間数が大きく変わるので、自分の実力を把握し、しっかり学習することが大切です。

これが開智の3年間のコース設定です（次頁表参照）。

学校説明会日程（説明会、相談会それぞれの予約が必要です）

日　程	午前の部	午後の部	個別相談会　約15分
11月18日（土）	10:00～	13:30～	11:15～17:15
11月26日（日）	10:00～	—	9:00～17:15
12月17日（日）	10:00～	—	9:00～14:00

※学校説明会の時間は、約80分です。

《3年間のコース編成》

1年次	Tコース（クラス）		S1コース（クラス）			S2コース（クラス）		入試の結果、クラス編成テストの結果でクラスが決まります。ベースカリキュラムは全コース（クラス）共通です。
クラス	1組	2組	3組	4組	5組	6組	7組	

	理系				文系				1年次のコース・クラスにかかわらず、系の希望および1年次の学習成績等により再編成します。
2年次	Tクラス	Sクラス			Tクラス	Sクラス			
クラス	1組	2組	3組	4組	5組	6組	7組	8組	

3年次	Ⅰ類理系		Ⅰ類文系		Ⅱ類理系		Ⅱ類文系		2年次のクラスにかかわらず、類の希望および2年次の学習成績等により再編成します。基本的に系の変更はできません。
クラス	Tクラス	Sクラス	Tクラス	Sクラス	Sクラス				
	1組	2組	5組	6組	3組	4組	7組	8組	

開智高校の特待生制度

開智では、入学試験の成績が特に優れている受験生に対して教育支援金を給付する特待生制度が設けられています。特待生制度の内容は、入試得点のランクに応じて、「1号特待」・「2号特待」・「準特待」となっており、単願・併願どちらの受験生も特待生合格として認定されます。

また特待生は、原則としてTコースまたはS1コースに編成されます。そして1年ごとに特待生の見直しが行われますが、極端な成績の下降や欠席数の増加がみられなければ、3年間、特待は継続されます。ただし「準特待」は入学金のみの免除のため、継続的な特待生制度ではありません。

また、2年生以降は特待生合格でなくても、成績の向上がみられ認定されれば、特待生と同じような条件になることもあります。

開智高校の入試方法（入試においての優遇措置）

開智の入試は、第1回（1月22日）、第2回（1月23日）、第3回（1月24日）の3回行われます。

入試学力検査は、国語・数学・英語の3教科で、すべて記述・選択併用方式で実施されます。面接試験は単願入試も併願入試も行いません。

また、3回実施する試験のうち、どの試験を受けるか、何回受験するかは各自で判断して構いません。試験日による有利不利もありません。ただし、単願受験生は、必ず第1回目を受験しなければなりません。

なお、複数回受験した場合につき、受験したすべての試験の合格点に10点加点するという優遇措置も取られていますので、希望のコースをめざしている場合は複数回受験をお勧めします。

これまでにない新たな学びを実践する開智国際大学
来年度より日本トップレベルの特待生制度を導入！

大学進学の名門校として有名な開智中学・高等学校、国際教育の先端を行く開智日本橋学園中学・中学校など、いくつもの併設校を傘下に持つ開智国際大学。「未来の教師」を育成する教育学部と、未来を見据えた「幅広い専門性」を身につける国際教育学部が、来年度より、新たな特待生制度を導入します。高校での活動、大学での成績や授業の取り方、部活動など、さまざまな観点を評価して、特待生を入学者の5割以上に増やす計画です。そこで、開智国際大学の特色と、この特待生制度を取材しました。（タイアップ記事）

東京駅から常磐線快速で約30分の柏駅。そこからバスで10分「柏学園」で降りると、住宅街の中に緑あふれるキャンパスが見えてきます。正門を入ると右手に、学生ラウンジやキャリアセンター、音楽室など最新の設備を整えた素敵な校舎が見えてきます。出迎えてくれたのは、開智学園の理事長でもある開智国際大学の青木徹学長です。

開智国際大学の魅力とは

開智国際大学の魅力・特色について青木学長に伺いました。「まず1つ目は、小規模の大学ですから学生と教授陣との距離が非常に近く、どんなことでも相談できるフレンドリーなところです。1年生は前期に『語《かた》ランチ』といって、学長もしくは学長補佐とお弁当を食べながら大学生活や要望などを聞いているのですが、『先生方が親身に対応してくれるのが素晴らしい』と多くの1年生が話してくれました。

2つ目は少人数授業です。1年生の英語の授業は1クラス17名ほどの10クラス編成で、大学全体の一授業当たりの平均学生数は20名前後です。この少人数授業で、教授陣は学生1人ひとりをしっかりと指導することができます。

3つ目が、優秀な教授陣と質の高い探究型の授業です。グローバル化が進む社会で必須なこの学びは開智学園が20数年前から実践し、創造力、コミュニケーション力、発信力など、主体的に学ぶ力を格段に高めています。

4つ目は、新しい学びや大学の改革がスピーディなことです。コロナ禍では、すぐにオンラインの授業を開始し、のちに対面授業とオンラインのハイブリット型にして学生が自分で選択できるようにしました。ChatGPTについても、これからを予想し、今年から大学内での取り組み等について対応の検討を急いでいます。来年度からは新しい学びのプロジェクト・プログラムを用意した特待生の授業を実施しますので、小さい大学ならではの素早い改革を期待してください」と語ってくれました。

次に、いま力を入れていることについて伺いました。

「昨年は教育学部と国際教養学部で優秀な教授陣を招聘するなど、それぞれの学部の教育の中身を未来の学びに向けてバージョンアップし、シラバス（授業の内容）を改善しました。来年度からは特別なプログラムを学ぶ授業を用意し、また、特待生制度をさらに充実させます。特待生が学びやすく、過ごしやすい場所にすることが大事だと考えています。そこで、学年ごとにゼミ担任制を1年から4年まで行っています。さらに、行事を充実させ、部活動や同好会などを多くして学生生活を充実させます」と話されます。

画期的な特待生制度の概要

来年度から導入する特待生制度は、授業料全額免除のS1特待、国立大学の授業料より低額なS3特待（例えば、千葉大学4年間280万円→開智国際大学210万円）、入学金の免除のA1特待までと多様で、S3特待以上の特待生が入学者の5割以上を予定しています。

特待生の選考基準は、①高校の学業成績、英検、生徒会活動・奉仕活動、部活動②入学後の吹奏楽部、剣道部、Eスポーツ部、野球部、ハンドボール部などの部活動③特待プログラム（教職深化プロジェクト、ビジネス英語マスタープログラム、大学ノーマルレベル英語マスタープログラム、データサイエンス・AI人材育成プログラム）への参加④特待入試の特待合格者⑤大学入学共通テスト特待合格者です。①②③は事前にアドミッションセンターの職員および部活動の顧問などと個別に相談が必要ですが、④⑤は試験の結果で決定します。

■2024年度　特待生制度

期間	4年間継続				初年度		通常
区分	S1	S2	S3	S4	A1	A2	
入学金	250,000	250,000	250,000	250,000	250,000	250,000	250,000
1年次	0	150,000	350,000	550,000	730,000	830,000	980,000
2年次以降	0	300,000	500,000	700,000	980,000	980,000	980,000
4年間合計	250,000 （入学金のみ）	1,300,000 （免除：287万円）	2,100,000 （免除：207万円）	2,900,000 （免除：127万円）	3,920,000 （免除：25万円）	4,020,000 （免除：15万円）	4,170,000

4つの「特待プログラム」でS3特待をめざそう！

前述③の特待プログラムの参加者は全員S3特待になります。とくに優秀な学生はS2もしくはS1の特待生に認定されるとのこと。次にその各プログラムの概要についてご紹介します。

1.「教職深化プロジェクト」を学ぶには、教育学部に入学し、「国際理解、バカロレア、環境、理数、子どもたちの課題・心理」の5つの領域の授業を履修し、このうち1つの領域を「研究テーマ」に設定して、研究レポート、論文を発表すること。ならびに、併設校での4週間の特別教育実習、公立校での3週間の教育実習を受けること、一定以上の学力があること、教員になることが条件です。広く深い視野を持って小学校の教諭として活躍できる人材の養成を目的としています。

2.「ビジネス英語マスタープログラム」を学ぶには、英検2級以上を有し、授業やEラーニングなど4年間で2500時間の英語学習をすることが条件です。ハーバード大学などの大学院出身の教授陣が英語で指導し、経営学、経済学などのビジネスを中心に、「コミュニケーション」ビジネスに必要な「心理学」や世界の文化を理解する「カルチャー」を学び、英語でビジネスができる人材の育成を目的としたプログラムです。

3.「大学ノーマルレベル英語マスタープログラム」を学ぶには、4年間で大学での英語の授業とEラーニングなどで2500時間以上の英語を学ぶ意欲のある人が条件で、特待生として認定します。このプログラムは現在の英語力は問いません。英語に慣れ学ぶ環境を、大学や家庭で2500時間つくり、仕事でも使え話せる英語力を育成します。また、TOEIC700点をめざし学習し、英語力を身につけます。

4.「データサイエンス・AI人材育成プログラム」を学ぶには、このプログラムを学ぶ意欲があり、原則、特待生に認定されることが条件です。データ分析の基本的な手法やツールを学びます。加えて、統計学の基礎、データの前処理、可視化手法、アルゴリズムなどを学びます。また、ビジネス上の意思決定にデータを活用する方法やビジネスでデータサイエンスを駆使できるスキルを身につけます。

これらの取り組みを伺い、情熱あふれる開智国際大学のめざす大学の在り方に期待するとともに、今後の開智国際大学の成長が楽しみです。

■ オープンキャンパス日程 ■

日　程	時間	対　象
11月19日（日）	午前	【1.2.3年生・留学生対象】
12月16日（土）	午前	※詳細はHPをご覧ください。

開智国際大学

〒277-0005 千葉県柏市柏1225-6
URL : https://www. kaichi. ac. jp

LINE　大学HP

■最寄り駅
JR常磐線・東武アーバンパークライン「柏駅」

■併設校
開智小学校、開智中学・高等学校、開智高等部
開智未来中学・高等学校、開智日本橋学園中学・高等学校、
開智望小学校・中等教育学校

東大生リトのとリトめのない話

これからの未来に不可欠な技術 プログラミングとＡＩの話

プログラミングは意外と簡単に始められる

少しずつ年末が近づいてきていますが、いかがお過ごしでしょうか。ぼくは院試（大学院へ入学するための試験）が終わり、第1希望の研究室に入ることができました。しかし、ほっとしたのも束の間、もうすぐ卒業論文を書き終えなくてはなりません。卒業論文のテーマはＡＩ（人工知能）の設計への活用で、ＡＩと物理（水の流れなど）のシミュレーションを使い、設計したいものの形の最適化を行う研究です。

今回はぼくの研究テーマに絡めて、プログラミングとＡＩについてお話ししていきたいと思います。

ＡＩとプログラミングの違いを確認してみましょう。プログラミングは、コンピューターに特定の指示を与え、それを実行させる技術です。一方で、ＡＩ自体もプログラミングによって作られますが、大量のデータを学習し、人間の思考や判断のプロセスを模倣した動作をする技術のことをいいます。

プログラミングと聞くと難しそうですが、意外と簡単にできます。例えば、Google が提供している Colaboratory（ブラウザ上でプログラムの記述や実行ができるサービス）などを使えば、すぐに始めることができるのです。また、Google Apps Script（ＧＡＳ：Google が提供するアプリケーション開発プラットフォーム）などで自動化が可能ですので、スプレッドシートやカレンダーに「勉強のやることリスト」を記入して、アプリから通知がくるようにすることもできます。プログラミングは、取り組むうえで文系・理系の違いはあまり関係ないと思いますので、「難しそう」「苦手かもしれない」と感じても臆せずに挑戦してほしいです。

リトのプロフィール

東大文科三類から工学部システム創成学科Cコースに進学（いわゆる理転）をする東大男子。プログラミングに加え、アニメ鑑賞と温泉が趣味。

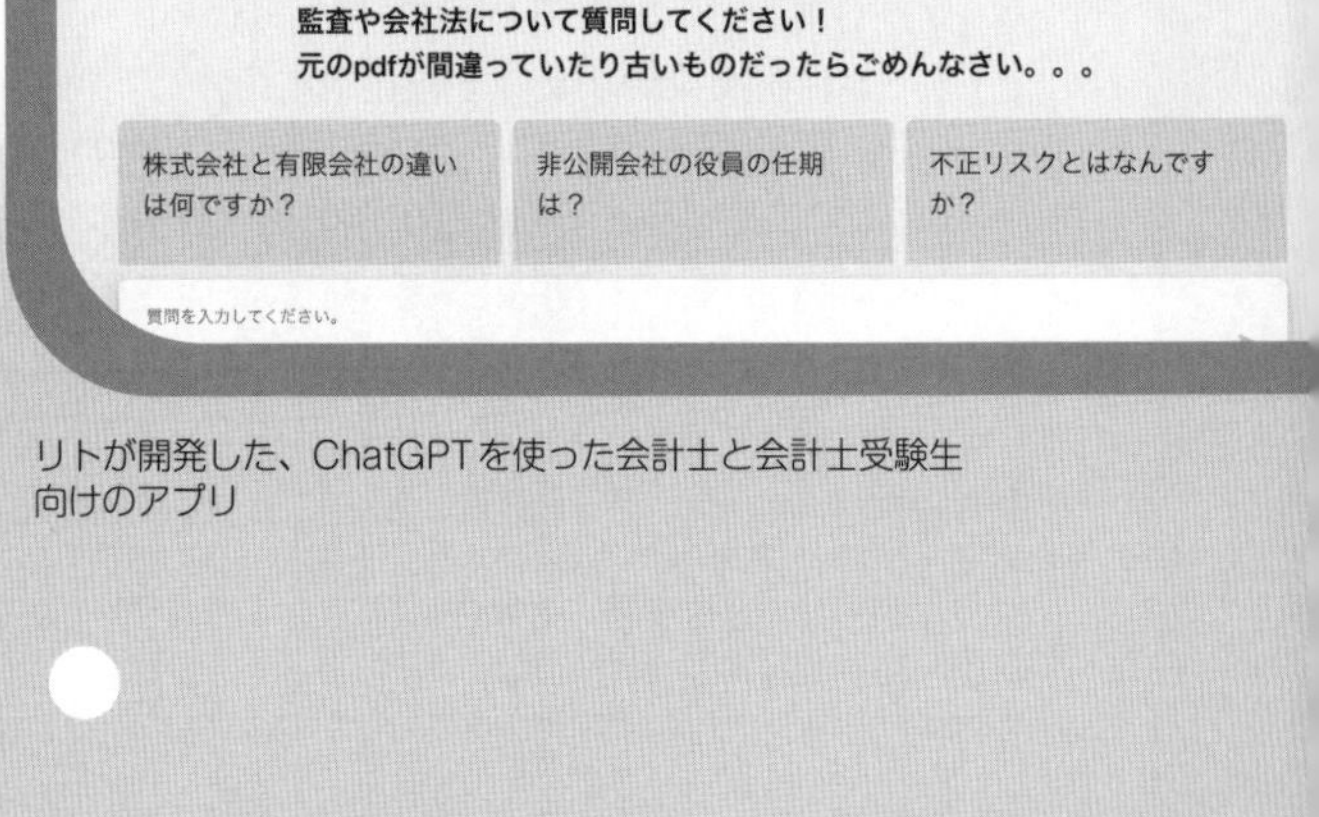
監査&会社法Chat powered by ChatGPT
Chat
Q&A
Kurasaku
監査&会社法Chat
監査や会社法について質問してください！
元のpdfが間違っていたり古いものだったらごめんなさい。。。
株式会社と有限会社の違いは何ですか？
非公開会社の役員の任期は？
不正リスクとはなんですか？
質問を入力してください。

リトが開発した、ChatGPTを使った会計士と会計士受験生向けのアプリ

発展を続けるＡＩ技術
リトのＡＩ活用法も紹介

ＡＩは、画像を解析する画像認識や、人間が使う言語を分析する自然言語処理、そして機械の自動運転など、様々なことができます。

なかでも自動車の自動運転技術の発達はめざましいものがあり、今後、日本で自動車の自動運転がどのように導入されていくかは注目でしょう。もしかしたら、日本でのタクシー運転手不足が、自動運転で解決されるなんてこともあるかもしれません。

自動運転の開発や生産をめざす日本の会社にはTIER Ⅳや Turingがあります。どちらも非常に技術力のある人材がそろっているので、今後の発展が楽しみです。

自動運転といえば、ガストなどのファミリーレストランではネコ型ロボットが料理を運んできますが、あれも自動運転と同じ技術が使われています。

なにかを設計するときにもＡＩは有用です。ぼくは、過去の製品データから新製品の最適な形を探る機能を備えた、エアコンの圧縮機を設計するＡＩを作っています。ほかにもぼくが設立した会社では、ＡＩの画像認識を部屋の間取りのデータ化に使っていますし、文章を考える際にはOpenAI社のChatGPTの回答を参考にすることもあります。文字入力といえば、パソコンやスマートフォンなどで文章を入力するときの文字の予測変換機能にもＡＩが使われています。このように、ＡＩを活用した技術はかなり身近なものになってきていることがわかります。

ＡＩとのこれからを
「使いながら」考えていきたい

将来的にＡＩが人の仕事を奪うという意見もありますが、本当にそうでしょうか。最近では、Diffusionモデルという生成ＡＩ技術を活用した画像生成や研究が活発で、イラストレーターに依頼をしなくてもＡＩがイラストを生成してくれる技術が広まりつつあります。

しかし、ＡＩは人間の手などの複雑な構造物の画像を作るのはまだ苦手なため、不自然な画像が生成されることもあります。実際には、ＡＩが生成した画像をイラストレーターが手直しすることが多いようです。また、ＡＩの学習データに使用した素材の著作権の扱いなど、様々な問題も浮かび上がってきています。

ぼくも、プログラムをＡＩに書いてもらったり、エラーが出たらChatGPTに直し方を教えてもらったりしています。エラー修正に関しては、これまで直し方がわからず、非常に時間がかかっていたことが、ChatGPTのおかげでかなり短縮されました。

学習データの著作権など、法律の問題も考えていかなくてはなりませんが、これからの将来、ＡＩの利用と共存は避けられないと思います。みなさんも、ぜひ色々なＡＩに慣れ親しんでください。彼らも万能ではなく、意外とおっちょこちょいだったり、できないこともあったりします。そういったところを人間である我々がチェックして直せばいいのではないでしょうか。

キャンパスデイズ 十人十色

東京大学

教養学部文科一類　1年生

松永《まつなが》 悦司《えつし》さん

将来の可能性を広げられる場所で 夢に向かって一歩ずつ前へ

専門外の講義も積極的に受けて多様な価値観を養う

Q 東京大学教養学部文科一類を志望した理由を教えてください。

中学生のころから法律・政治に興味がありました。中学校の卒業生で弁護士の方が来て、その人の話を聞いて内容がおもしろかったのが最初のきっかけだと思います。好きな歴史に関する仕事に就きたいとも考えましたが、一番興味があった法律を学びたいと思い、法律や政治について学べる学部に進みもうと考え始めました。

なかでも、中学生のころは、司法書士試験の合格率が高い大学へ行きたいと漠然と考えていましたが、そこから東京大学を志望するようになったのは高2の春くらいです。

色々な大学を調べていくうちに、将来、法律に関するどんな職業に就くか、選択の幅を一番広げられると感じたからです。

私は大阪府出身なので、周りには関西の大学に進む人が多かったですが、東京大学に進みたいと担任の先生たちに相談したところ、肯定的な意見が大半だったのも大きかったです。

Q 現在はどのようなことを学んでいますか。

東京大学では、2年生の前期が終わったあとに、3年生からの学部を選ぶ進学選択制度があり、そこから専門性の高い講義が増えてきます。そのため、現在は法律・政治についての講義は週1、2コマと少ないです。

その分、総合科目が多く、スポーツ系、理系など様々な分野の講義を選択しています。第二外国語（韓国語）にも力を入れていて、前期・後期ともに週に3コマずつ取っています。

Q 印象に残っている講義はありますか。

興味深かったのはジェンダー論です。これまであまり知る機会が少なかった同性愛など、性について学べました。

また、この講義を担当している教授は中国、韓国、北朝鮮など東アジアの国々の文化について研究をしていて、その研究内容を話してくれました。これまで聞いたことがないような内容ばかりだったので、とても新鮮でした。自分が思う「当たり前」は、そこに住む人々の文化が基礎になると聞き、より幅広い視野、価値観を持てるようになりました。講義内容は楽しかったのですが、試験は大変でした（笑）。

また、もともと英語がそれほど得意ではなかったので、英語の講義には苦労しました。前期の講義では、半年かけて英語の論文を書きました。テーマを最初に決めたものから途中で変更したこともあり、より大変に感じたのかもしれないです。

大学入試までは、英語は文章を読む力が求められていると感じていましたが、こうした講義を通して英作文を書く、英語を話すレベルが格段に上がったと感じています。

後悔しないように いましかできないことに挑戦を

Q 将来の目標を教えてください。

中学生のころは弁護士になりたいと思っていましたが、いまは、検察官になりたいと考えています。

検察官を題材としたドラマを見たり、ステイホームの期間に色々なニュースを詳しく調べたりしていくうちに、検察官に興味を持ち始めました。検察官から弁護士になる方も多いと聞くので、どちらにもなれるのはいいことだと思っています。

先ほども話したように、まだ法律・政治に関する講義は少ない状況です。司法書士試験、公務員試験に向けた講座があり、興味はありますが、部活動（柔道部）もやりたいので、勉強は大学の講義だけにしています。試験に向けて多少不安はありますが、大学のカリキュラムがしっかりしているので、講義の内容をきちんと理解していけば問題ないと思っています。

部活動で身体を動かすことで、すごくリフレッシュできるので、これからも並行してやっていきたいです。

Q 最後に、読者に向けてメッセージをお願いします。

私はコロナ禍で高校の学園祭がなくなってしまいました。勉強はもちろん大切ですが、中高時代にしかできないこともたくさんあるので、ぜひ大事にしてください。それが気分転換になって、より勉強に集中できるなど、いい影響が出てくるはずです。

TOPICS

「想定外」を「想定内」にしていい精神状態で試験に臨む

高校卒業後、1年間の浪人生活をしました。そのときに感じたのは、いい精神状態で試験に臨むことの大切さです。

もともと、得意科目で満点や高得点を取ろうとすると、細かなところまで気になって余計に試験勉強に時間がかかり、試験でいい点数が取れなかったときは落ち込んでしまうタイプでした。そうしたときに、塾の先生から「想定外のことも想定内にしておこう」と言われ、そこから「わからない問題が出たらこうしよう」と想定し、難問につまずいても落ち着いて、解くべき問題を解くことができるようになりました。

得意科目でも点数のラインを決めて力を入れすぎない。そうすることでいいメンタルの状態で試験に臨めました。

中3のときに短期海外研修でオーストラリアに行き、海外の文化に触れてきました。

中学生のころから柔道部に入り、文武両道を実践しています。

大学の学園祭ではクラスの仲間とアイスたいやきを販売しました。

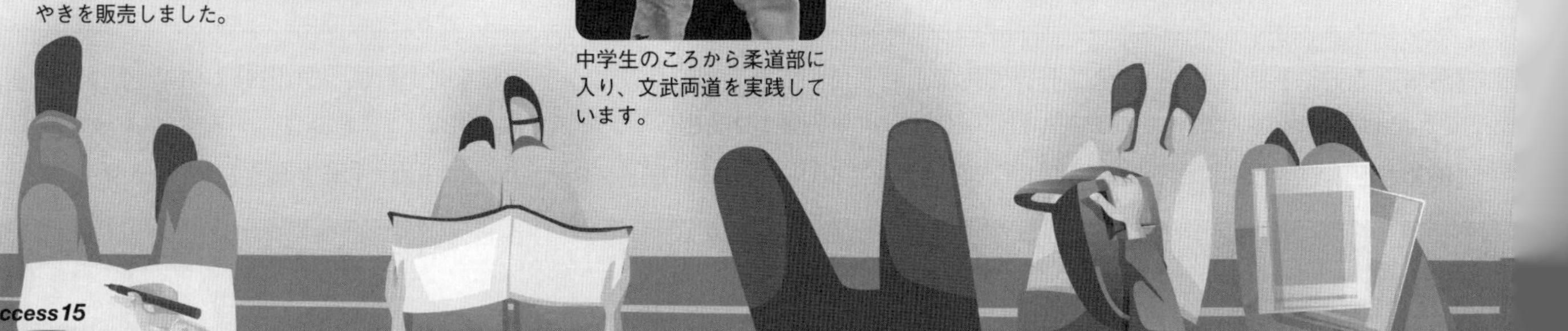

ちょっと得する

読むサプリメント

ここからは、勉強に疲れた脳に、ちょっとひと休みしてもらうサプリメントのページです。
ですから、勉強の合間にリラックスして読んでほしい。
このページの内容が頭の片隅に残っていれば、もしかすると時事問題や、
数学・理科の考え方のヒントになるかもしれません。

The most
Advanced
Sciences
Navigation
036

「常識を疑え！」挑戦はそこから始まった

世の中には「常識」として、信じられていることってあるよね。

でも、科学者や技術者は、それを疑うところから研究や開発を始めないと、イノベーション（技術革新）は生まれない。

今回紹介するのは、そんな常識を疑って成果につなげた技術者たちの物語だ。

滋賀県の大津市に日本電気硝子という会社がある。「硝子」はガラスと読む。そう、色々なガラスを製造している会社だ。

ガラスというと、みんなはどんなイメージを持つかな。「透明できれいだけど硬くて、折り曲げられない」、だから「割れやすい」といったところだろうか。

日本電気硝子の技術者たちは、さすがに「でも、それだけじゃないよ」という。ガラスには、ほかにも「色々な形状に加工できる」「空気や水を通さない」「熱や薬品に強い」などの優れた特性もあるさ、というわけ。なるほどガラスは、建築用窓ガラスや食器など身近なものから、通信機器や航空宇宙分野まで、様々な分野で幅広く利用されているね。

だけど、ガラスの専門家である日本電気硝子の技術者たちをもってしても「ガラスは硬くて、曲げようとすれば割れてしまう」という常識からは、なかなか抜け出せなかった。

もっともっとガラスを薄くできないか

日本電気硝子では、パソコンの液晶ディスプレイなどに使用する薄いガラス素材を作っていた。薄いガラスといっても画面が大きくなれば、やっぱりどうしても重くなる。

しかし、世の中では大きなディスプレイを求める声が高まっていたんだ。

じゃあ、もっともっと薄くしてみよう、という研究が始まった。

「でも最初は、どこまで薄くできるかな、というただの好奇心だった」と研究グループの代表技術者は語っている。

ガラスは普通、数ミリの厚ささえあれば十分に需要に応えられるんだけど、そのガラスをどんどん薄くしていった。と、そのとき、あることに気づいた。薄くすれば弱くなる、とばかり思っていたガラスが、薄くするとじつは割れにくくなっていたんだ。まさに常識は大間違い。

日本電気硝子では、薄い板ガラスのなかでも、厚さ0・2㎜以下の板ガラスは「超薄板《うすいた》ガラス」と呼んでいる。これ、厚さというより「薄さ」だね。

それを「さらに薄くしたい」と研究を続けた技術者たちは、ガラスの

マナビー先生

大学を卒業後、海外で研究者として働いていたが、和食が恋しくなり帰国。しかし科学に関する本を読んでいると食事をすることすら忘れてしまうという、自他ともに認める“科学オタク”。

性質「熱に強い」を利用して、熱したガラスを薄くする「オーバーフロー法」という新方式を考え出した。

しかもオーバーフロー法の製造システムでは、ガラス表面が空気以外のものに触れないため、非常に平滑で、無研磨でも平坦度が高いガラスを生産できるという、すごい特徴も合わせ持っていた。

この製造技術に磨きをかけた日本電気硝子は、薄さ0・035㎜という、当時、世界最薄の〝超薄板ガラス〟を実現したんだ。

薄いけど割れないガラスが折りたたみのスマホを実現

ここまで薄くしてみると、なんと、プラスチックのシートのように折り曲げたり、巻き取ったりすることもできる。

いま、日本電気硝子の工場では、延ばしたガラスシートが巻かれたロール【写真】が納品を待っている。

ひと目見ただけではプラスチックのシートかと思えてしまうけれど、伸ばすと500mにもなるガラスだ。このシート、触ってみると、まさにガラスの硬さと手触り。プラスチックとは違った感触をしっかりと感じることができる。

まさに「ペラン、ペラン」の超薄板ガラス。このロールを解き広げると500mの長さにもなるという。(日本電気硝子のホームページより)

折り曲げることができるようになったこのガラスによって、ガラスが割れる原因は「厚さにある」こともわかった。

厚いと、曲げたときに折り線部分へ力が集中してしまうことから、壊れてしまっていたんだね。薄くすることでこの圧力集中を分散できるようになったと考えられている。

ガラスが素材としてすばらしいのは、記事冒頭にあるように、熱や化学薬品などに耐久性があることだ。薄くしてもこの性質はそのまま残っていたなんて、すごいね。

折り曲げはどうか。日本電気硝子で、折り曲げの耐久試験を行ったところ100万回以上の耐久性が実証されたそうだ。

いま、スマートフォンに「折り曲げフリー」の商品が登場、従来の製品に比べ画面を倍に使えることもあって人気が出ている。

この画面のガラスには、常識を覆した日本電気硝子の超薄板ガラスの技術が使われているという。

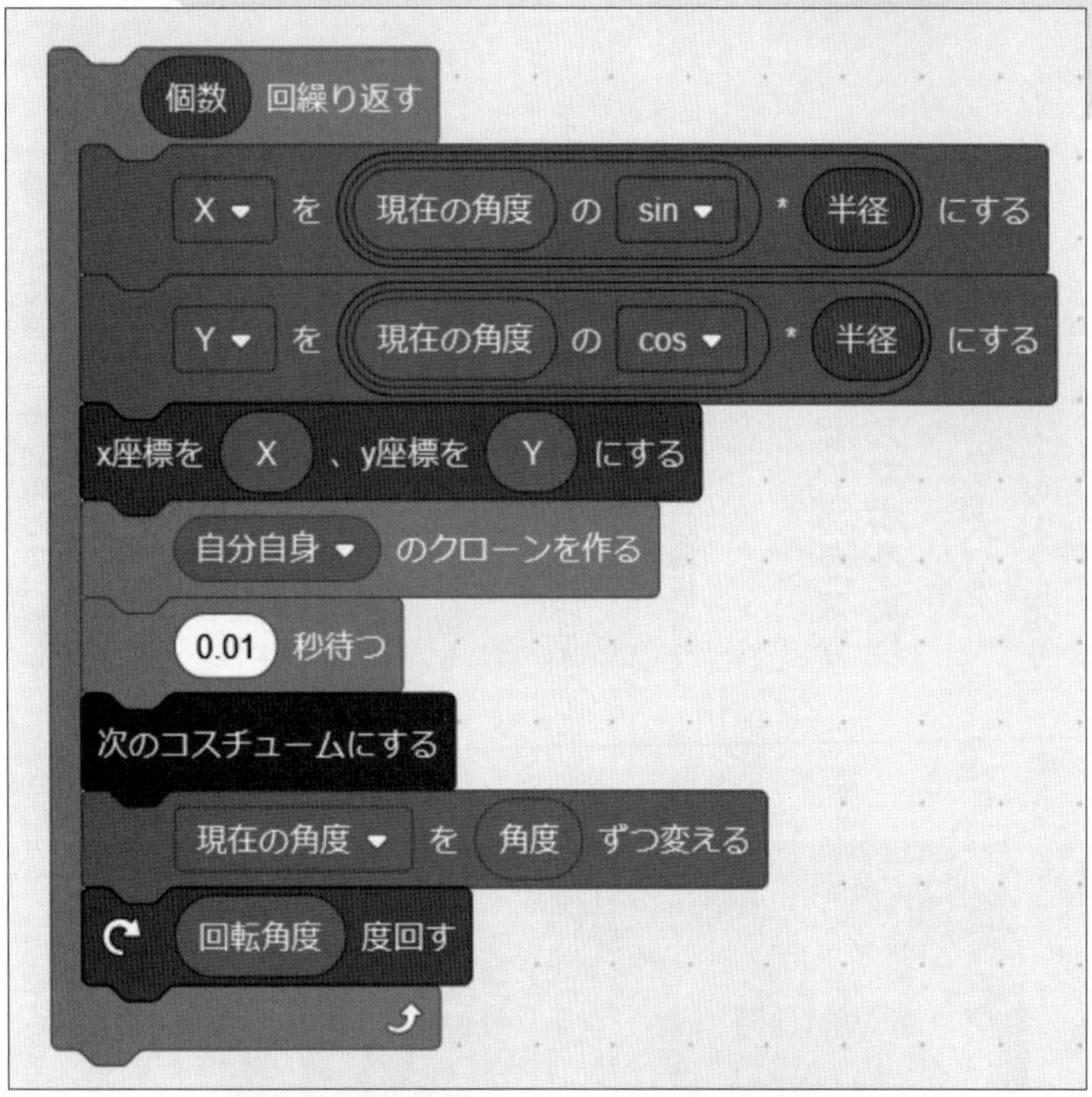

【図10】ブロックの内部プログラム（後半部分の拡大）

【図11】クローン部分

ブロックのなかを見てみよう

ログ：ブロックのなかはどのようになっていますか。

らくらく先生：今度は**【図8・9・10】**を見てね。引数として渡す円の半径や四角形の個数を使って円を描いている。１つの四角形を描くごとにクローンを作成し、四角形を表示しているよ。

ラム：この中にsinとcosという関数がありますが、これはこのまま使えばいいのですか。

らくらく先生：高校生になったら学校でも習うと思うけど、いまはこのまま使おう。

最後にクローン部分を**【図11】**に示しておくよ。クローン部分では上下左右の矢印キーを使って大きさや角度を変更してみよう。大きさや角度を変えることで錯覚の見え方が変わってくるよ。完成版のURLを示しておくから参考にしてほしい。

ログ：ありがとうございます。少し難しそうだけど、やってみます。

ラム：面白そうですね。私も、色々と値を変えてやってみます。

（つづく）

完成版URL
https://scratch.mit.edu/projects/906154316

このページは85ページから読んでください。

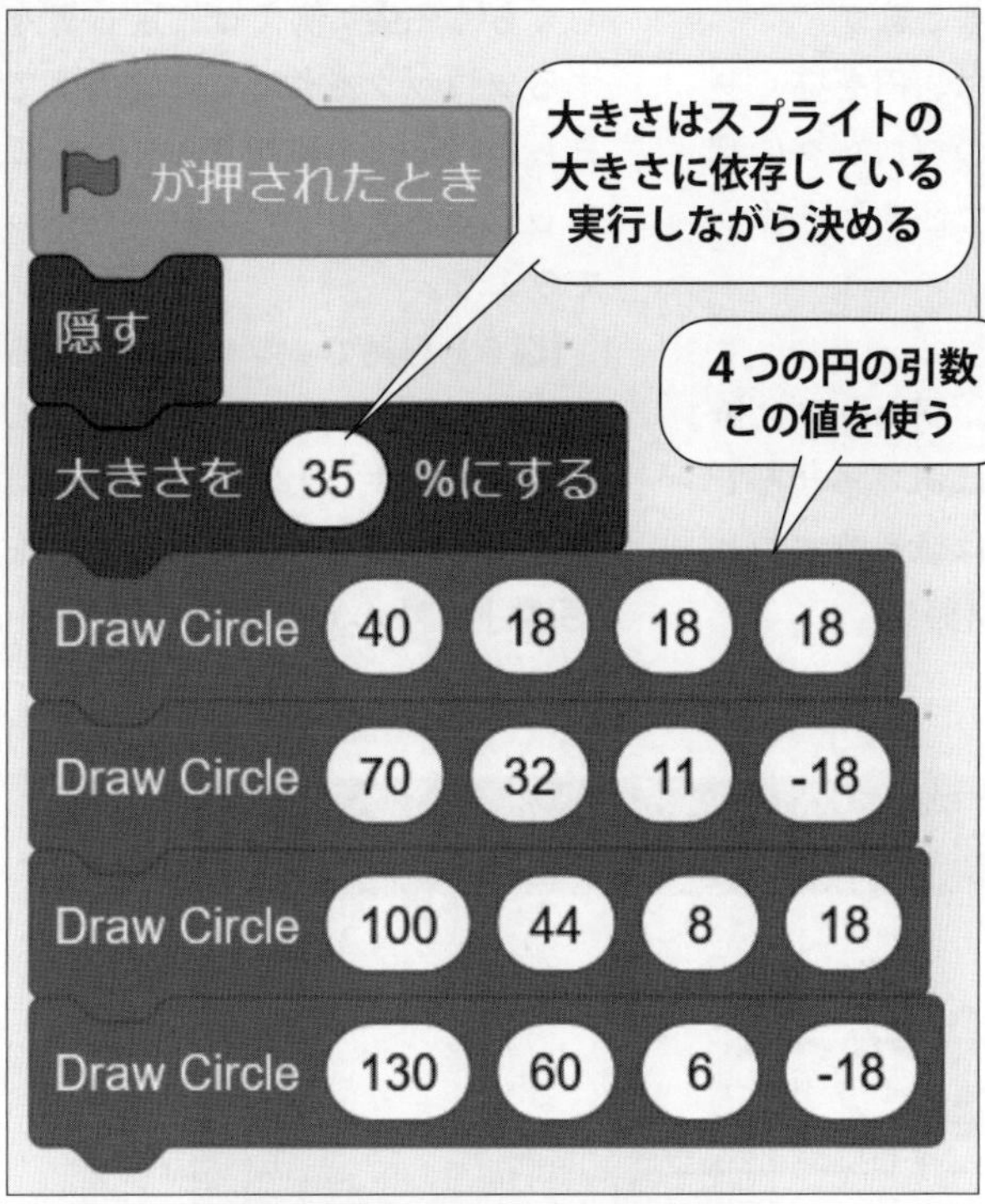

【図7】緑の旗を押したときのプログラム

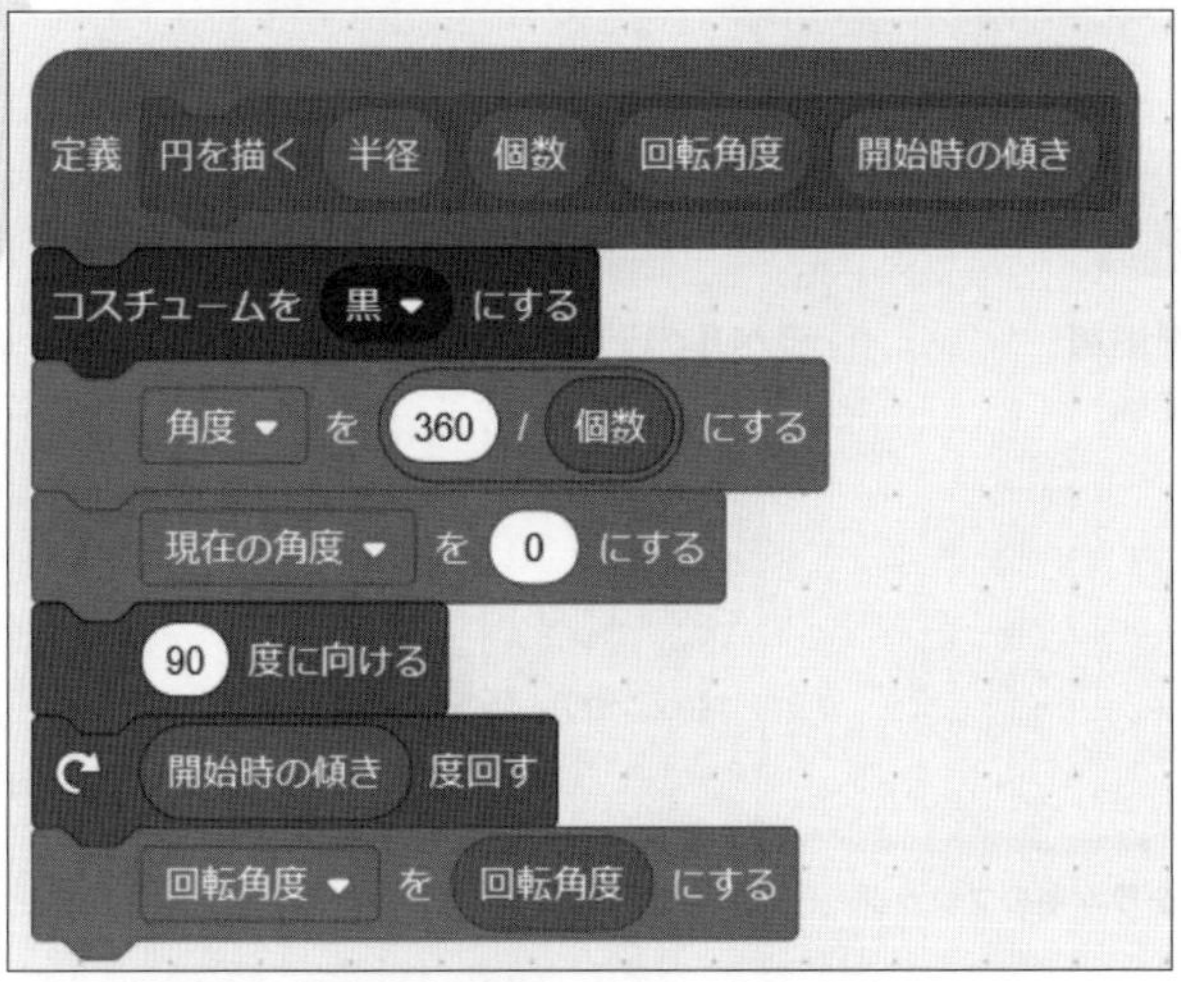

【図8】ブロックの内部プログラム（前半部分の拡大）

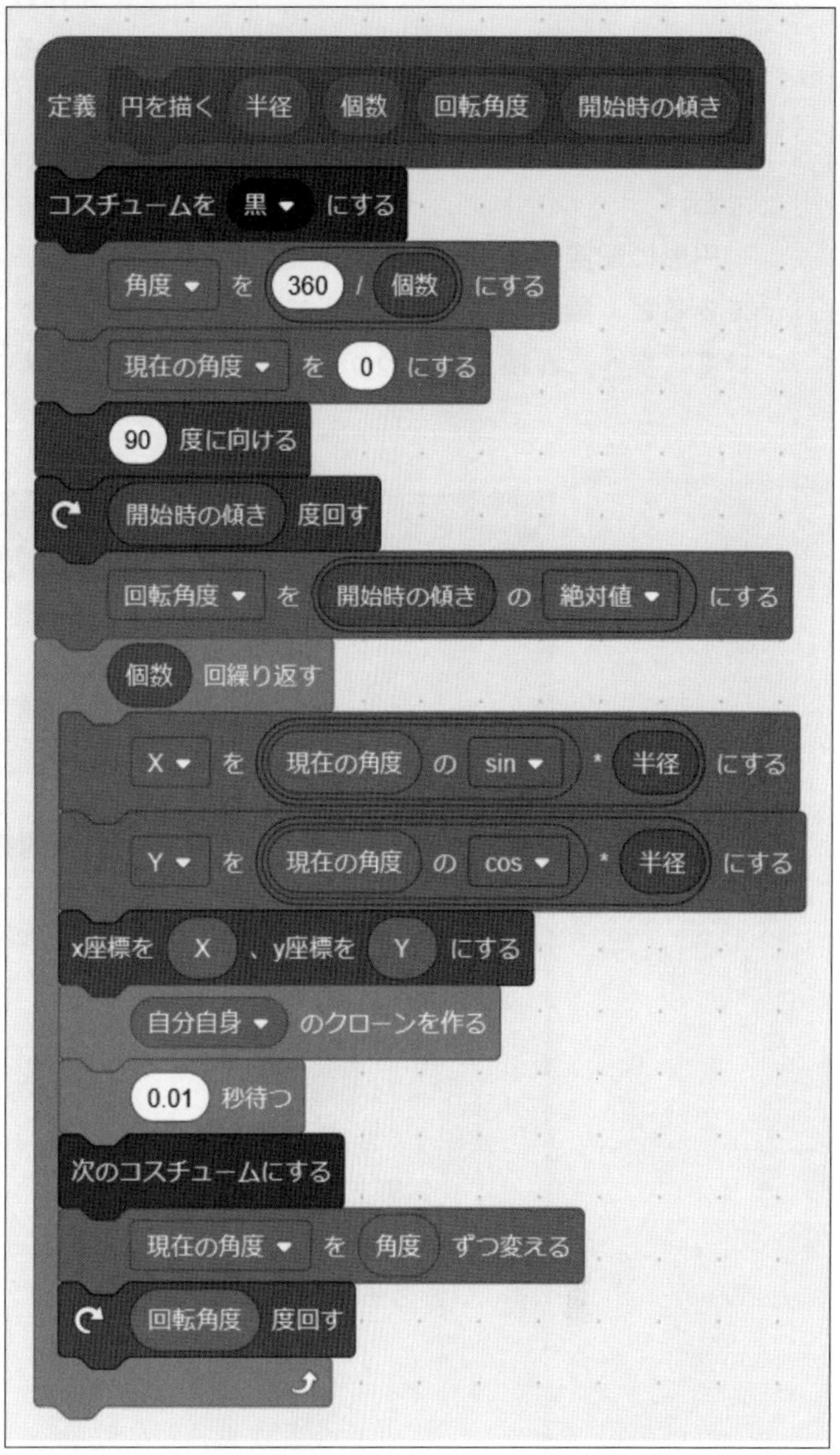

【図9】ブロックの内部プログラム（全体）

ブロックには どんな数値を渡す？

ラム：今回はこのようにして円を描くプログラムの各ブロックに値を渡していくのですね。どんな引数を渡すのでしょうか？

ログ：円の半径は必要だよね。

らくらく先生：ログさんが指摘してくれたように、「円の半径」は必要だね。それ以外に「四角形の個数」、「それぞれの四角形の回転角度」、「開始時の傾き」の4つを引数として渡していくよ。

ラム：これらの引数から計算して実際の表示位置や四角形の傾きを決めるのですね。

らくらく先生：【図7】を見てほしい。私が作ったブロックだ。引数はこの値がいいと思うので、今回はこの値を渡して試してみてね。完成したら引数を色々と変えて、錯覚が起こりやすい値を調べてみるのもいいと思うよ。

本を見ながら、似たような色にすればいいですか？

らくらく先生：その通りだよ。スプライトと背景ができたらプログラムに入っていこう。**【図4】**を見てね。

円形に配置する四角形をよく見てみると、黒と白が交互になっていて、だんだん傾きが変わっているのがわかると思う。

プログラム自体は、円を描くブロックを作り、そのブロックに渡す値を変えることで四角形を作っていくんだ。

ログ：これまでは、ブロックに値を渡して作ることはありませんでした。ブロックには値を渡すことができるのですね**【図5】**。

らくらく先生：例えば、足し算をするブロックを作ることを考えてほしい。２つの数を渡して足し算をして表示するプログラムを作ってみよう。

【図6】を見て。ブロックを作るときに、「引数を追加」を使うことで値を渡すことができるようになる。この渡していく値のことを「引数」と呼んでいるよ。

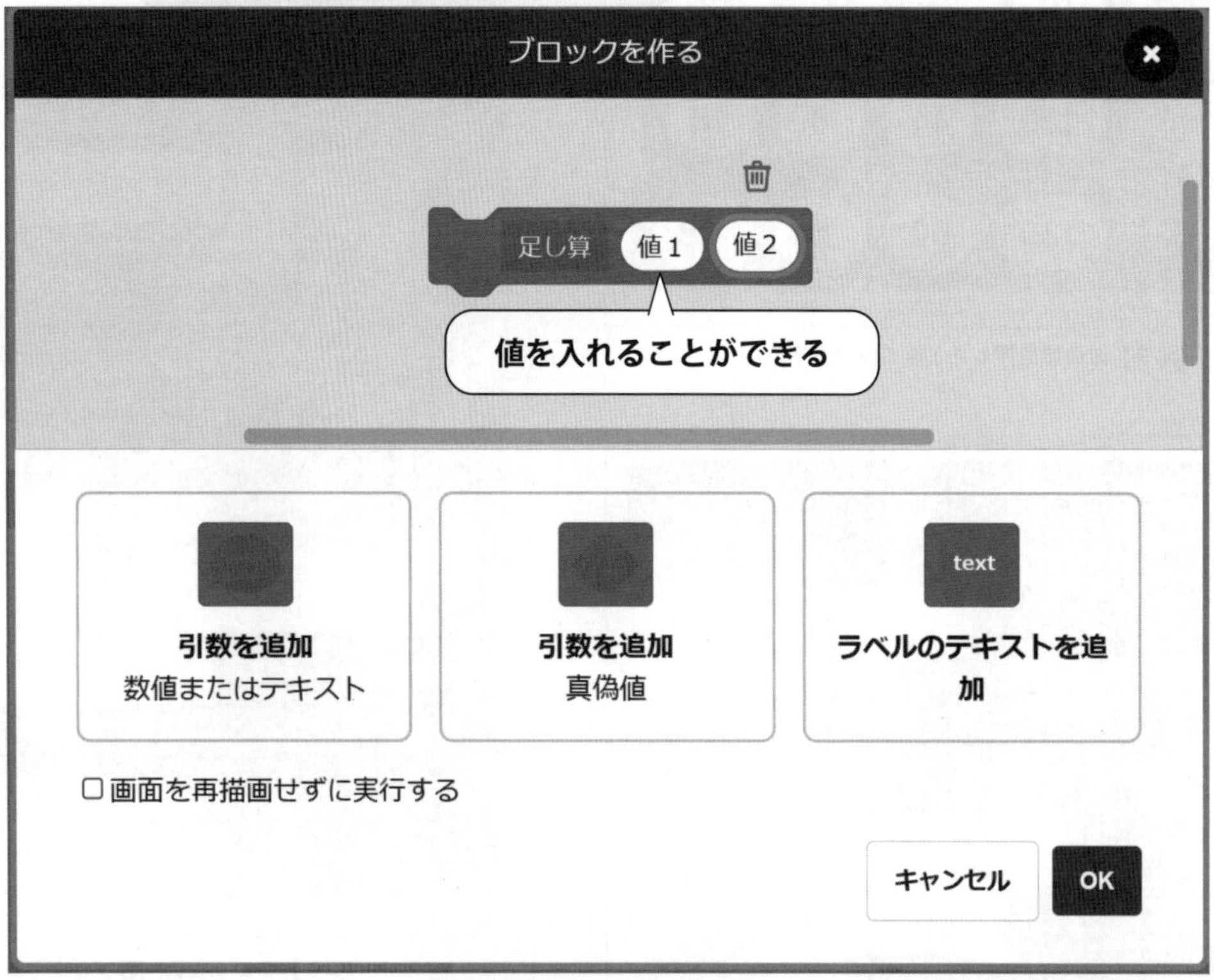

【図5】足し算プログラム用のブロック

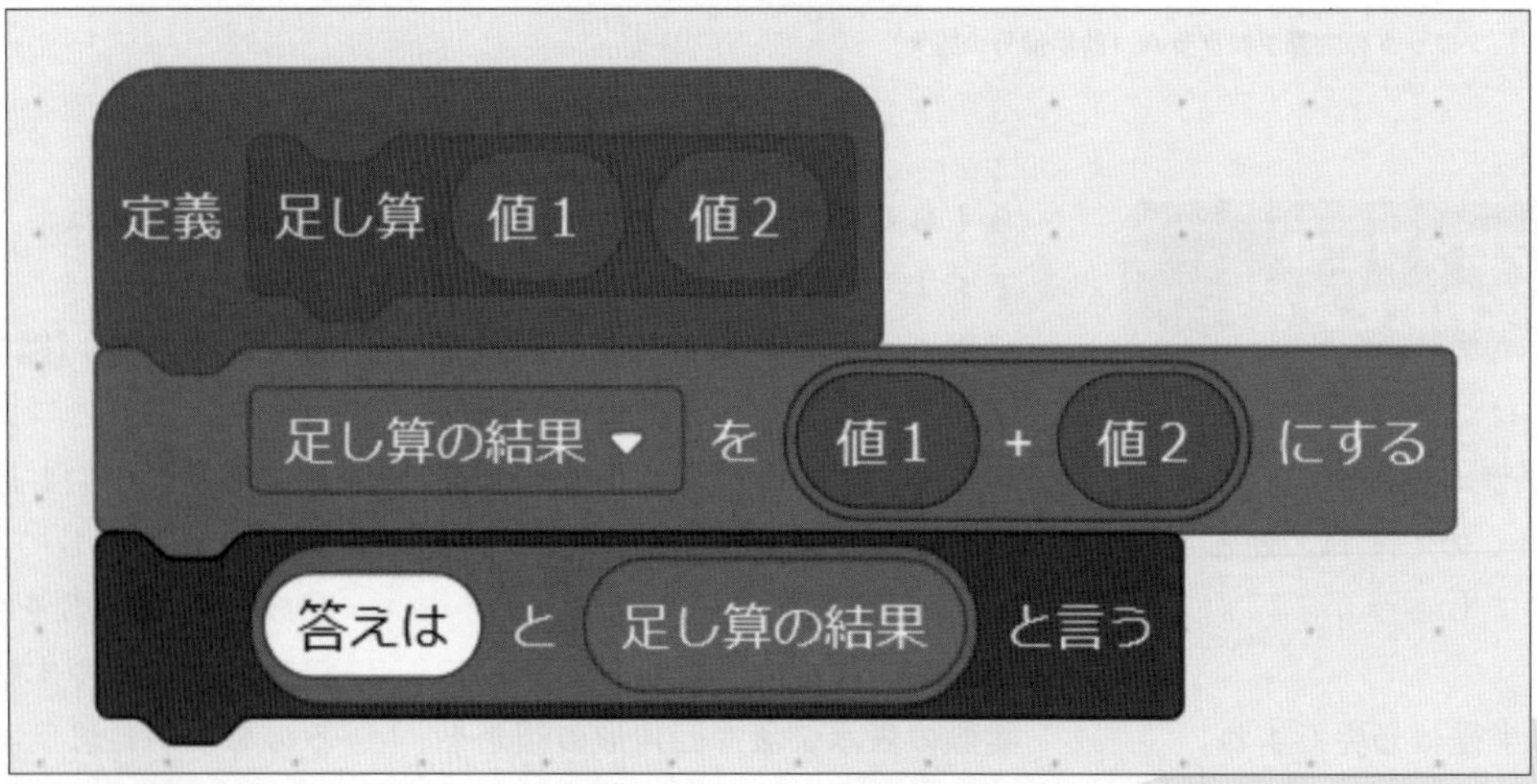

【図6】足し算プログラムブロック

81ページ本文につづく➡

このページは85ページから読んでください。

ていくだけだ。灰色の背景に、黒と白の四角形を交互に表示していこう。

ラム：四角形を置く位置を計算して表示すればいいのですね。

ログ：今回もクローンを使うのですか？

らくらく先生：鋭いね。表示したあとで矢印キーを使って、全部の四角形の大きさを同時に変えるときにクローンを使うんだよ。

ラム：四角形自体はすべて同じ性質なので、クローンを使って大きさをコントロールできるということですね。

スプライトと背景を作ろう！

らくらく先生：そうだね。では【図3】を見てほしい。用意するものは黒と白で作った四角形と背景だ。

ログ：黒と白の四角形はこれまでと同じように作ればいいですよね。

背景の色は黒ではなく濃い灰色ですね。

らくらく先生：そう。四角形は背景より暗い黒と、背景より明るい白で作ってほしい。これまでは背景は使っていなかったけど、今回は背景を使うんだ。ステージと書いてある部分に作るよ。

円を描くブロックを作る

ラム：背景の色はWebページの見

【図3】用意する四角形と背景

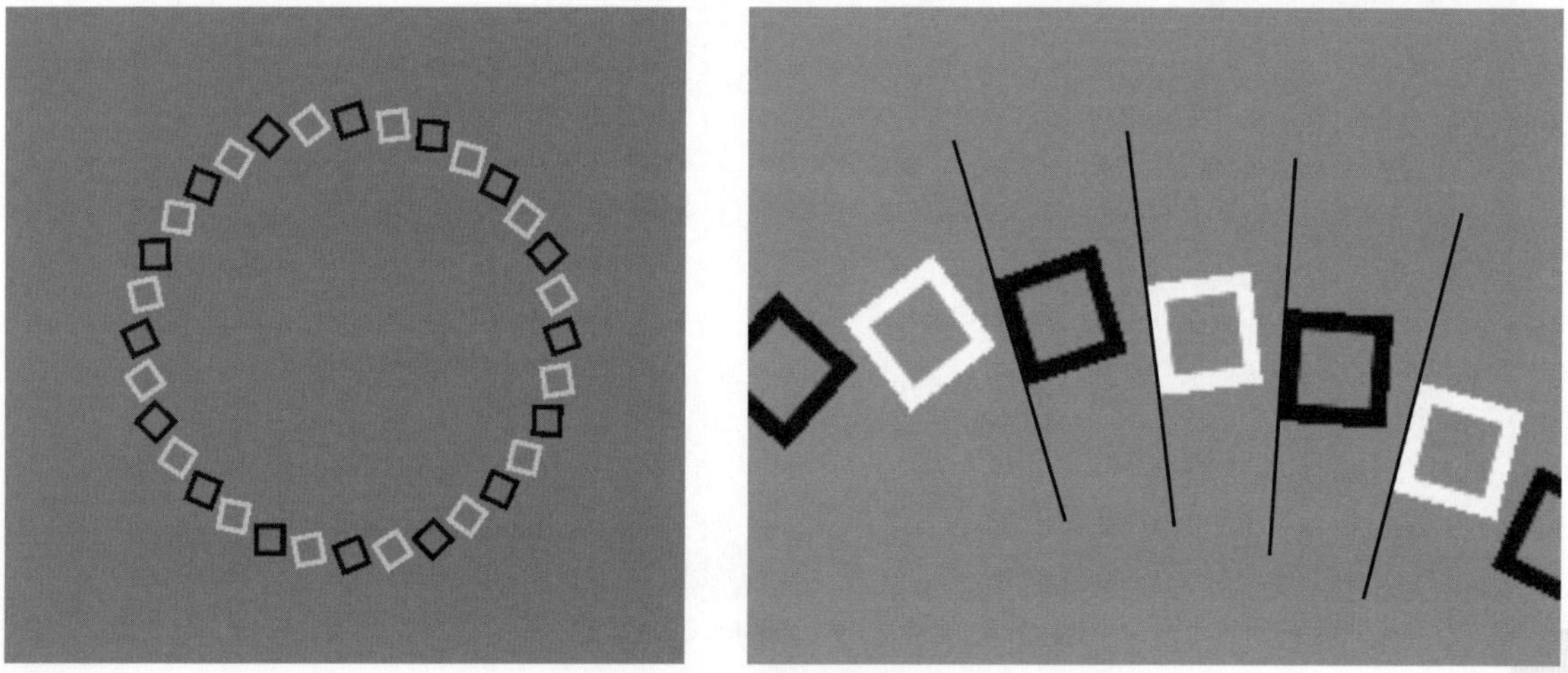

【図4】基本の円の表示

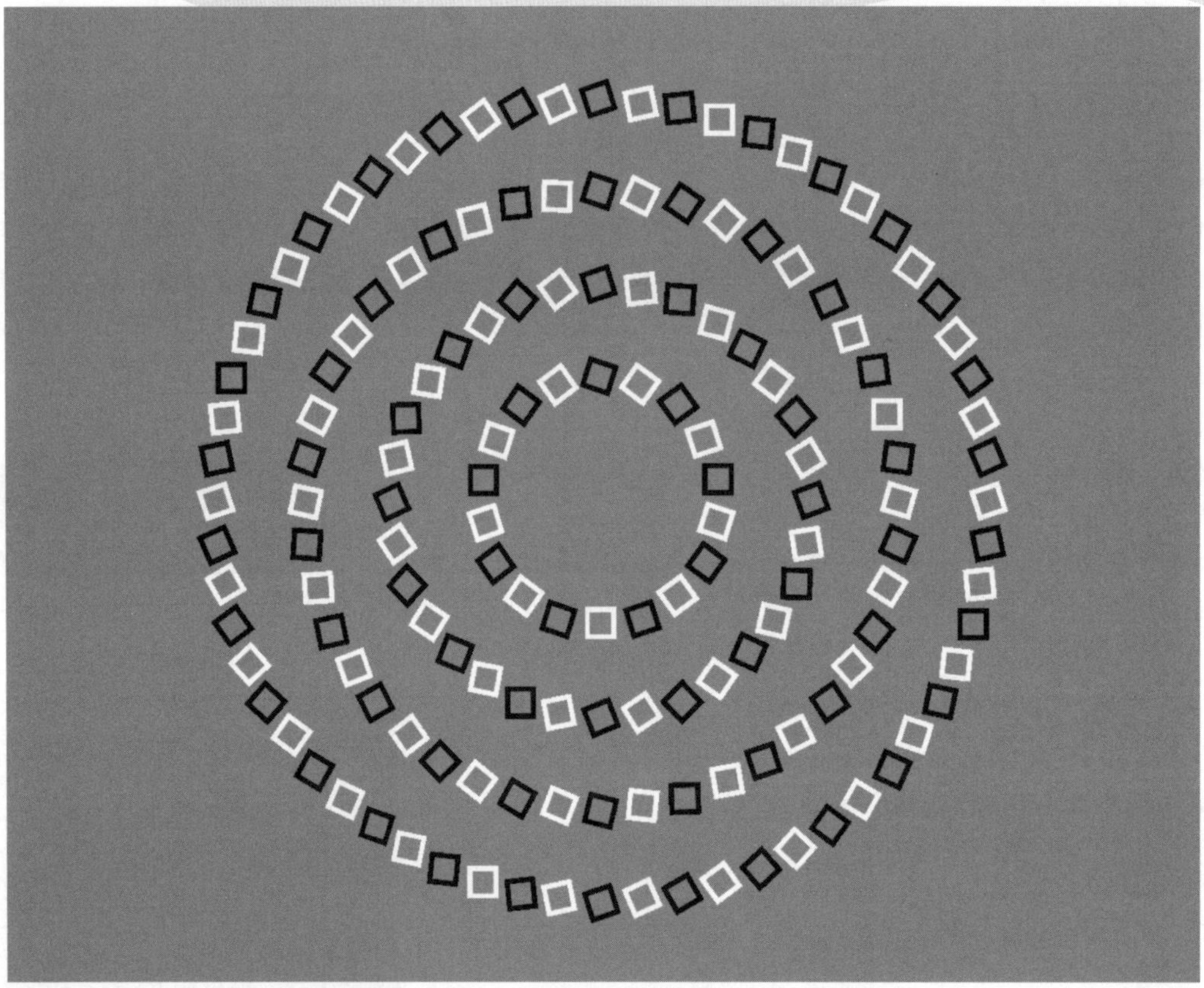

【図1】4つの円

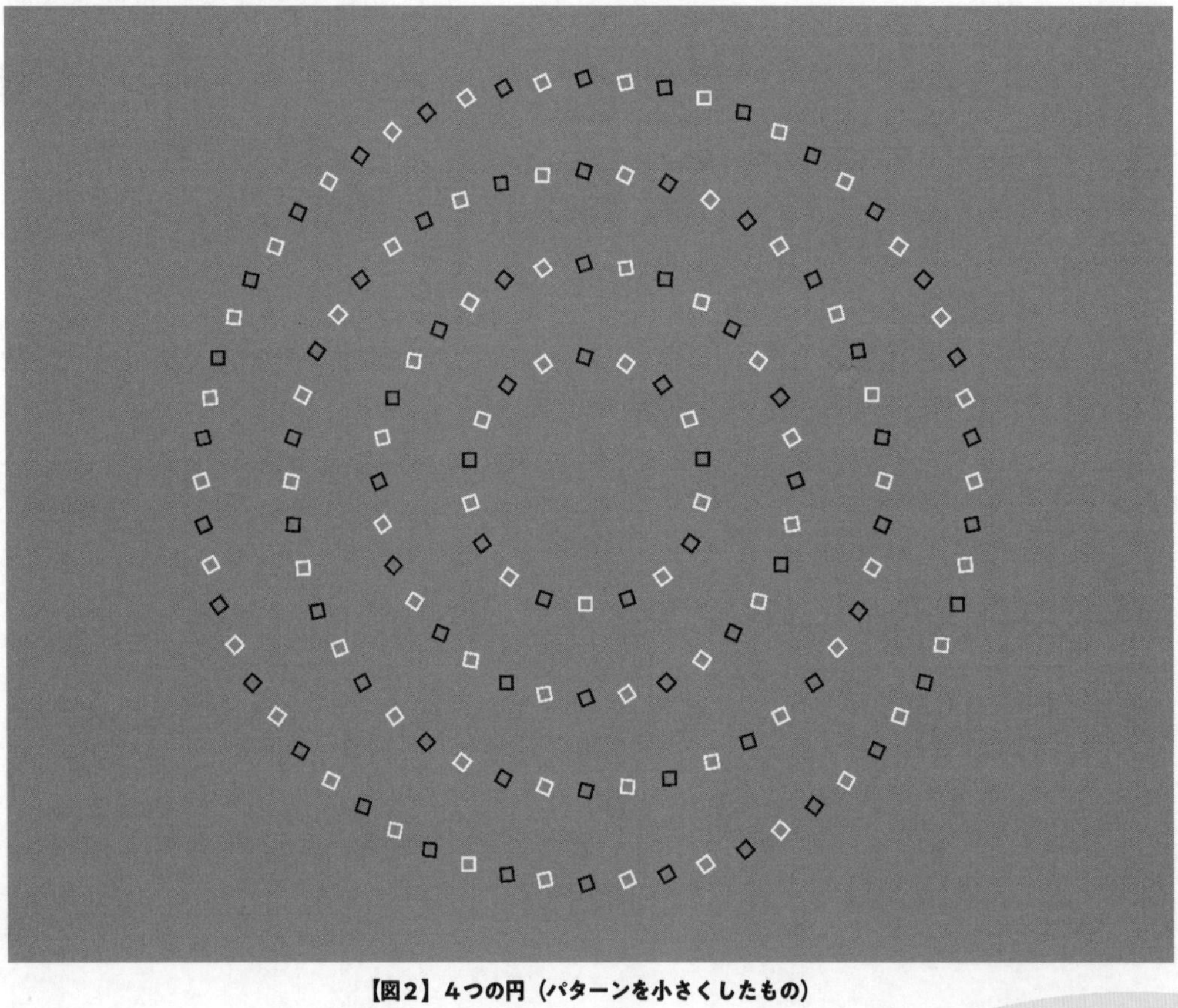

【図2】4つの円（パターンを小さくしたもの）

83 ページ本文につづく➡

for 中学生
らくらくプログラミング

プログラミングトレーナー　あらき はじめ

第14回

プログラム作りは楽しいって、思えてきましたか。誌面のラムさん、ログくんも、その楽しさがわかってきたそうです。ラムさん、ログくんの疑問に、らくらく先生が答えながら、解説していきますので、みなさんも2人といっしょに楽しみましょう。

解説部分は下のQRコードからWebページに入れば、誌面とリンクした内容で、さらに学びを深めることができます。

URL : https://onl.tw/kGST6Wi

（あらき はじめ　昨春まで大学でプログラミングを教えていた先生。「今度は子どもたちにプログラムの楽しさを伝えたい」と、まだまだ元気にこの講座を開設。）

画像：PIXTA

「錯覚」を起こすプログラムを作ってみよう！

らくらく先生：今回も楽しくプログラムを作っていこう。

ラム：今回はどんなゲームを作るのですか？

らくらく先生：今回は「錯覚」を体験できるプログラムを作ってみよう。錯覚や錯視という言葉を聞いたことはあるかな。

ログ：よくあるのが2本の矢印を使った錯覚ですよね。長さが同じなのに矢印の向きが違うだけで、長さが違って見えるというものをよく目にします。

らくらく先生：今回はそんな錯覚が起きるプログラムを作ろう。錯覚が起こる様子を確認できるように、矢印キーを使って変化を確認できるプログラムだ。

4つの円が交差してるかな？

ラム：おもしろそうですね。プログラムは難しくないのですか？

らくらく先生：プログラム自体は短いプログラムだから簡単だよ。まず【図1】を見てほしい。これから作るプログラムで表示した錯覚の例だ。どう見えるかな？

ログ：円が交差しているように見えますね。

ラム：でも本当は、4つの円でできているのですね。円を構成している黒と白の四角形が微妙に傾いているので、円が交差して見えるのでしょうか。

らくらく先生：そうだね。では、【図2】を見てほしい。円を構成している四角形を小さくしたものだ。ある程度小さくなると、四角形の影響がなくなり、個別の円として認識できるようになるね。ではさっそく錯覚を作っていこう。

基本は円を表示しながら、円を構成している四角形の傾きを変えそうだったのか！

中学生のための経済学

山本 謙三
オフィス金融経済イニシアティブ代表、前ＮＴＴデータ経営研究所取締役会長、元日本銀行理事。

「経済学」って聞くとみんなは、なにか堅〜いお話が始まるように感じるかもしれないけれど、現代社会の仕組みを知るには、「経済」を見る目を持っておくことは欠かせない素養です。そこで、経済コラムニストの山本謙三さんに身近な「経済学」について、わかりやすくお話しいただくことにしました。今回は、2021年の大河ドラマでも人気を博した、渋沢栄一に関するお話です。

日本経済の発展に尽力した渋沢栄一の生涯

新しい紙幣（日本銀行券）が、来年7月前半を目途に発行される予定です。新一万円札には、「日本資本主義の父」といわれる渋沢栄一が肖像として選ばれました。今回は、渋沢栄一の生涯と功績をたどっていきましょう。

攘夷の思想を捨て商才を発揮

渋沢栄一は、江戸時代末期の1840年に、武蔵国榛沢郡血洗島《ちあらいじま》村（現在の埼玉県深谷市血洗島）に生まれました。渋沢家は、畑作や養蚕業、藍玉の製造販売などを営む豊かな農家で、栄一は家業を通じて商業にも精通するようになりました。若いころに攘夷《じょうい》（外国人の排斥）思想に染まり、外国人襲撃の計画にも加わりましたが、諫《いさ》められて断念。計画の露見を恐れて、1863年に故郷を離れます。

京都に逃れると、そこで一橋家（一橋慶喜）に仕《つか》えることになり、身分も農民から武士に変わります。一橋家では、さっそく商業の才覚を認められ、勘定組頭として領内の経営に尽力しました。さらに1866年、慶喜が第15代将軍（徳川慶喜）になったのを機に幕臣として召し抱えられ、翌年には慶喜の実弟、徳川昭武《あきたけ》のパリ万国博覧会派遣に随行します。

欧州諸国の視察はおよそ2年弱でしたが、栄一は経済の発展ぶりを目の当たりにし、大いに学びました。一方、日本では、彼らの渡欧中に慶喜が政権を返上（大政奉還）し、1868年に明治政府が成立します。栄一らも明治政府から帰国を命じられました。

帰国後は慶喜が蟄居《ちっきょ》する静岡に移り、藩の財政立て直しのため、米穀の買いつけや販売などの事業を開始します。ところが早々に明

治政府から出仕を命じられ、1869年末ごろから約3年半にわたり政府に勤務します。

なかでも大蔵省（現在の財務省）では、租税、貨幣などの諸制度の改革に取り組み、のちに自身が深くかかわる銀行業についても、国立銀行条例の制定に関与しました。なお、「国立銀行」はアメリカの「ナショナルバンク」の翻訳として用いられた言葉でしたが、国の出資はなく、アメリカと同様に純粋な民間の銀行でした。

民間人の立場から日本経済に貢献

大蔵省で多くの功績を残した栄一でしたが、1873年には退官し、民間企業家としての道を歩み始めます。当時は、民よりも官を上にみる風潮の強い時代でしたが、栄一は民間企業こそが経済の要と見定め、その後の60年弱を一貫して民間人として過ごします。

その際重視したのは、日本経済のインフラとなる制度と産業の確立でした。具体的には、株式会社制度の重視であり、銀行や鉄道事業などの経営への参画でした。これはどれも、欧州滞在中に学んだことでした。

株式会社制度は、当時栄一が「合本主義《がっぽん》」と呼んでいたもので、企業が必要とする資金（資本）を、株式の発行で広く調達する仕組みをいいます。それまでの日本は、財力のある商家が自ら多くの商売を営む形、すなわち出資者自身が経営する形態が中心でした。これに対し、栄一は、資本は広く世の中から募り、日々の経営は有能な人材に担わせるのがよいという考えの持ち主で、いまでいう「資本と経営の分離」を先取りするものでした。

大蔵省退官後に総監役（事業全体を監督する役職）に就任した第一国立銀行（のち第一銀行、第一勧業銀行。現在のみずほ銀行）も、豪商の三井組、小野組に加え、小口出資者による共同出資形態でした。栄一は、有望な産業に資金を供給する銀行業の役割を重視し、その後1875年から1916年まで第一国立銀行の頭取を務めました。

このほか、鉄道や海運、紡績、損害保険など、500近い会社の設立にも関与し、また、証券取引所の設立にも尽力しました。さらに教育面でも、商法講習所（のちの一橋大学）や日本女子大学校（のちの日本女子大学）の創設に奔走しました。

「外」に学ぶことの大切さ

渋沢栄一の生涯を振り返って特筆すべきは、外国人の排斥を計画した時代がありながらも、欧州に出向いたあとは海外から学ぶ姿勢をやめなかったことでしょう。「外」の知識を謙虚に受け入れ、日本で応用しようとした柔軟さが、のちに「日本資本主義の父」と呼ばれるいしずえを築いたようにみえます。

同時に、株式会社を重視しながらも、会社の目的は「資本家の利益」のためでなく「公益」のためにあると主張したのは、ユニークでした。実際、一流の資本家でありながらも、財閥を形成することはありませんでした。また、企業家としての活動のほかに、幼児や老人まで生活の困窮におちいった人々を保護し、教育や医療を提供する救貧施設の院長を約50年務めるなど、社会貢献にも努めました。

1931年に91歳で亡くなるまで、日本経済の発展とともに、江戸から昭和まで駆け抜けた偉大な生涯でした。

淡路雅夫の

中学生の味方になる子育て 第13回
楽しむ 伸びる 育つ

profile 淡路雅夫（あわじ まさお） 淡路子育て教育研究所主宰。國學院大学大学院時代から一貫して家族・親子、教育問題を研究。元浅野中学高等学校校長

高校受験をするのはなんのためかを考えよう

３年生は中学校生活の集大成となる時期に近づき、義務教育を終える準備を進める季節になりました。

中学生になる前は、保護者の方からの指示を中心に生活していたみなさんも、多くの人との出会いや中学校での学びによって、人としての土台を作ることができたと思います。

義務教育を修了するということには、そういう意味もあるのです。

これからは、自分で気づいたことや考えたことについて「さあ、どうするか？」と、自分で判断して行動できるようにしていかなければなりません。

春がくれば高校に進学して、さらに学習を続けながら、自己の生き方を考えることになると思います。

そこで今回は、なぜ高校進学をするのかを、みなさんと考えてみたいと思います。

法律的には、必ずしも高校に進学せねばならないということはないのですが、多くの人が進学するのはなぜか、というところから考えをスタートさせます。

現代社会は、多様化社会だといわれています。どんな形のどのような生活にしろ、自分らしい生き方ができる自由があります。

みなさんは、長い人生をどのように過ごしていきたいのかを、まず考え、自分らしく生きるために、どんな仕事をしたいのか、つまり、自己のライフスタイルを思考しながら、高校生活に踏み出さねばなりません。

現代のライフスタイルは、仕事も自己の生活も、ともに大事にしています。男性も女性も、結婚しても仕事を続けて、自己の能力を発揮して社会に貢献することを考える時代になっているように思います。

ただ、仕事の選択については、みなさんが大学を卒業して社会に出るころには、なくなっている業種もあるかもしれません。それだけ社会の変化が激しいということです。

高校受験に向かいながら、なんのために高校生活を送るのか、高校生活でなにを学びたいのかを、自己の人生をより豊かに送るために、漠然とでもいいから考えましょう。

高校で大学で、さらに社会生活のなかで多くの人と出会い、色々な知識を学び、体験して、物事を考えたり判断する引き出しを多く持ちましょう。

それが、不透明で不確実な社会を柔軟に生きていくための備えです。それが高校生の課題になるのです。

受験の意味を理解して入学試験に活かす準備を

高校は入学試験で、みなさんのどのような力を試し、評価しようとしているのでしょうか。

もちろん、教科の力があるかを判断しようとしていることは、理解していますよね。そのほかにも、自分で考えて判断する力や、どのような得意や強みを持っているか、あるいは、新しい知識や技術を学習する意欲があるか、社会への関心をどのくらい持っているかなどもチェックしています。

ところで、みなさんは志望校を選ぶときに基準としていることはなんですか。現在の成績や模試の偏差値だけを見て、志望校を選んでいませんか。

日ごろの学習成果を活かせることは大切です。しかし、人生の基礎づくりという視点から考えると、学校行事や部活動を通じて、こののち社会人になった際にも役立つ力を養うことができ、自らの将来への想いや夢の実現を応援してくれる、そんな学校選びをすることも大事です。

「好きこそものの上手なれ」ということわざがあります。これからは、ますます自己の好奇心や強みを発揮して生きる時代になるでしょう。得意なことを、さらに伸ばしましょう。

「受験」とは、試験の点数や合格という結果を求めるだけのものではありません。受験は多くの力を手に入れる機会でもあるのです。

自分を知ること、他者への感謝など、生きる力を創造することも受験の一部です。合格という結果だけが目的では、人としての学びがみえてきません。人はだれでも、得意・不得意があります。すべての教科を得意とする人はあまり見かけません。

ただ、不得意が少ない生徒は、間違えたところを振り返って学習の方法を改善しています。

その「学び直し」によって、明日を生きるためのエネルギーを得て、自己を強くしていくのです。

どんな高校生活を送りたいかをよく考えて目標を定め、それを達成できる志望校を選んで受験に臨んでください。

〈つづく〉

PICK UP NEWS
ピックアップニュース！

こども家庭庁が発足し、看板作成のための習字を手に記念撮影に臨む子どもたちと岸田文雄首相（左端）、小倉将信こども政策担当相（右端）。こども家庭庁発足によりヤングケアラー問題は同庁の管轄となった（2023年4月3日・東京都千代田区）写真：時事

今回のテーマ

ヤングケアラー

病気や障害のある家族や親族の世話をするために、本来受けるべき教育や学校活動などが満足に受けられない18歳未満の子どものことをヤングケアラーといいます。このヤングケアラーが近年、増加しているという報告があり、社会問題になりつつあります。

厚生労働省が2020年に中学２年生と高校２年生を対象に、2021年に小学６年生と大学３年生を対象に調査をしたところ、小学６年生では6.5%、中学２年生では5.7%、高校２年生では4.1%、大学３年生では6.2%が「世話をしている家族がいる」と解答しています。それまでの統計はありませんが、同省は、ヤングケアラーは確実に増えているとしています。

では、なぜヤングケアラーは増えているのでしょうか。

要因はいくつか考えられますが、例えば父親と母親が１人っ子で、自分も１人っ子だと、１人の孫に祖父母が４人いることになります。両親が離婚したり、共働きで同居する祖父母に障害があると、たった１人の孫が祖父母の面倒をみることになります。ここには少子化、離婚の増加、高齢化といった、現代を象徴する問題が集積されていることがわかります。祖父母ばかりとは限りません。同居の片親が病気になったり、親が障害のある子どもの面倒をみられず、ほかの子どもに介護を手伝わせたりと、様々なケースが考えられます。

ヤングケアラーは、家族の介護や病院への付き添い、生活の面倒などのために学校に行く時間を削られたり、部活動や友人との交友を妨げられたりすることになります。経済的に厳しい家庭も多く、進学にも大きな影響が出ています。

今年４月から、ヤングケアラー問題は厚生労働省からこども家庭庁に移管されましたが、同庁では対策として、実態の把握、相談窓口の設置、育児・家事支援、介護サービス支援を打ち出しています。都道府県などの自治体も支援を表明していますが、具体化にはほど遠い状況です。

小学６年生の15人に１人がヤングケアラーというのはショッキングな数字で、１つひとつの事例に即したきめ細かい支援が必要です。

ジャーナリスト **大野 敏明**
（元大学講師・元産経新聞編集委員）

思わずだれかに話したくなる

名字の豆知識

第38回

都道府県別の名字 今回は

富山

富山の名字と加賀国との関係

富山県のベスト20は西日本の特徴が顕著

富山県は越中《えっちゅう》一国をもって県となりました。越中国・富山藩は加賀国・金沢前田家の分家10万石の藩ですが、分家が一国を支配するというのはここだけです。県名は富山市からつきました。富山市のいわれは立山《たてやま》連峰を望むところからついたと思われますが、呉羽山《くれはやま》の外側の地にあることからついたという説もあります。

では富山県の名字ベスト20です。

山本、林、吉田、中村、山崎、山田、田中、清水、中川、酒井、中田、高田、前田、中島、高橋、松井、山口、藤井、加藤、小林です（新人物往来社『別冊歴史読本　日本の苗字ベスト10000』より）。

東北、関東甲信越とは傾向の違いがみてとれます。まず、佐藤、鈴木、渡辺、伊藤といった東北、関東では必ず顔を出した名字が姿を消し、山本がトップに、全国19位の林が2位に浮上するなど、西日本の特徴が顕著になります。

富山県のベスト20のうち、全国のベスト20以外の名字は山崎、中川、酒井、中田、高田、前田、中島、松井、藤井の9姓です。

山崎は全国21位で富山県では5位。埼玉県の回でみましたが意味は山と平野部の境。富山県には下新川《しもにいかわ》郡朝日町に大字の山崎があります。

中川は全国49位、富山県では9位です。平野部に三本の川があれば、固有名詞はともかく、真ん中の川は通称、中川となります。また1本の川でも中流を中川と呼ぶこともあります。こうしてついた川の名前が土地の名となり、そこに居住した人の名字となりました。富山県には高岡市に中川、中川上町、中川栄町、中川園町、中川本町、中川町の大字があります。

酒井は全国64位、富山県は10位です。酒井がベスト10に顔を出すのは富山県だけです。漢字は「酒井」ですが、酒とは関係ありません。ほかに「坂井」「阪井」などがありますが、これらも当て字です。本来の意味は村や町の境界のことで、その周辺を「境」といい、のちに酒井や坂井の字をあてたのです。

中田は全国１１９位、富山県11位。11位は全国トップで、次はお隣り石川県の13位、北陸に多い名字ということになります。田んぼの中央、あるいは田んぼの所有者を意味する名字です。富山県には富山市、高岡市、氷見《ひみ》市にそれぞれ大字の中田があります。

高田は全国75位、富山県では12位。高地の田畑という意味です。富山市に高田と婦中町高田があります。また、富山県の北隣りの新潟県にはかつて高田市がありました。高田市は１９７１年に直江津《なおえつ》市と合併して上越市となっています。

前田は全国29位、富山県では13位です。他県では鹿児島県で4位、和歌山県、鳥取県で5位、熊本県で8位、兵庫県で9位、長崎県で10位と広範囲に分布していることがわかります。

ある特別なところの前にある田畑ということで、それが地名になり、居住者が名字にしました。特別な場所とは基本的には神社です。村の鎮守様の前に広がる田が前田なのです。その田をその神社が所有していれば、神田ということになります。寺なら寺田です。

加賀国の名字が入り込んだ歴史

ここで加賀金沢１００万石の太守、前田家についてみてみましょう。藩祖、前田利家《まえだとしいえ》の父は利昌《としまさ》、その父は利隆《としたか》といい、尾張国海東郡前田村（現・愛知県名古屋市中川区前田西町周辺）の出です。前田家の本姓は菅原氏と伝えられ、家紋は菅原氏と同じ梅鉢《うめばち》です。

前田利家は織田信長《おだのぶなが》に仕え、関ヶ原の合戦以降は１１９万石の大大名となりますが、利家の子で前田家3代目の利常《としつね》の子、利次《としつぐ》（越中国・富山藩）に10万石、同じく利常の子の利治《としはる》（加賀国・大聖寺藩）に7万石を分与して１０２万石となりました。諸侯中最大の藩です。

中島は群馬県でみました。全国28位、富山県では14位です。他県では佐賀県で5位、群馬県で10位、福岡県が富山県と同じ14位です。富山県には富山市と氷見市に中島が、富山市に八尾町中島、婦中町中島があります。

松井は全国91位、富山県の16位が最高です。藤井は全国41位、富山県で18位。広島で2位、山口で4位、岡山で8位と山陽地方に多い名字です。藤のあるところが藤井となって、その地名を名字にしたのですが、山陽地方の藤井は備前国邑久郡《びぜんのくにおくぐん》藤井（現・岡山県岡山市東区藤井）が発祥です。

これ以外では米田《よねだ》、土肥《どい》、能登《のと》、有沢《ありさわ》などが富山県に多い名字です。

富山県は加賀・前田藩の分家が支配したため、加賀の名字がかなり入り込んだと思われますが、その前田家ももとは尾張の出身であるため、前田家につき従って来た武家には尾張系の名字の者が多くいます。

越中国を治めた前田家とその分家 名字の分布にも影響を与えたか

江戸時代の越中国の区分

藤原鎌足

平安時代に栄華を誇った藤原氏。その始祖とされる藤原鎌足（中臣鎌足）が今回のテーマだ。大化の改新にかかわった重要人物だよ。

静 平安時代は藤原氏全盛の時代って習ったけど、その藤原氏の祖といわれる藤原鎌足《ふじわらのかまたり》ってどんな人だったの？

MQ 乙巳《いっし》の変やそれに続く大化の改新で活躍した人物だね。古代の中央豪族の1つ、中臣《なかとみ》氏出身で、若いときは儒教を学ぶ塾に通い、秀才だったといわれている。父は中臣御食子《なかとみのみけこ》、母は大伴《おおとも》氏。最初は中臣鎌子《なかとみのかまこ》と名乗り、次いで鎌足と名乗るようになったんだ。

勇 乙巳の変ではどんなことをしたの？

MQ 当時は中央豪族の蘇我《そが》氏が政権を支配していたけど、鎌足は蘇我氏打倒を考えたんだ。擁立すべき皇族として、最初はのちに孝徳《こうとく》天皇となる軽皇子《かるのみこ》に接近、次いで中大兄皇子《なかのおおえのおうじ》に接近して、蘇我氏の内部対立も利用しながら、645年に飛鳥板蓋宮《あすかいたぶきのみや》で蘇我入鹿《そがのいるか》を殺し、その父、蝦夷《えみし》を自殺に追い込んだんだ。これが乙巳の変だね。

静 乙巳の変から始まる大化の改新ではなにをしたの？

MQ 蘇我氏が滅んで孝徳天皇が即位すると、内臣《うちつおみ》として軍事権を掌握して律令制の整備を行ったんだ。

勇 律令制って？

MQ それまで土地や人民は豪族が支配していたけれど、唐《とう》の制度にならって、公地公民制といって、土地も人民も国家が管理するようになったんだ。これによって、天皇を頂点とする中央集権的な国家体制を築き、中央から任命された役人が地方に赴いて統治する仕組みが作られたんだよ。

静 ずい分と大きな改革ね。

MQ 663年に日本と百済《くだら》の連合軍が唐と新羅《しらぎ》の連合軍と朝鮮半島で戦った白村江《はくすきのえ》の戦いで敗れて、唐や新羅の脅威もあったから、軍事力の増強も課題で、徴兵制も実施されたんだよ。

勇 鎌足が大化の改新で活躍したことはわかったけど、どうやってそこから藤原氏が大きな勢力となっていったの？

MQ 乙巳の変で行動をともにした中大兄皇子が668年、天智《てんじ》天皇として即位すると、鎌足はさらに重く用いられるようになった。天智天皇と二人三脚で政治を動かしたといっていいね。669年の鎌足の臨終に際して、藤原朝臣《ふじわらのあそみ》の姓と大織冠《たいしょっかん》（臣下の最高の地位）の位階を授けられたんだ。鎌足の子の不比等《ふひと》も右大臣となって律令制度の完成に努め、娘2人を文武《もんむ》天皇と聖武《しょうむ》天皇の妃にして権力を掌握したんだ。以後、藤原氏は代々、娘を天皇家に嫁がせて外戚となり、ほかの貴族を失脚させたり排除したりして、権力を一手に握るようになっていくんだ。

ミステリーハンターQ（略してMQ）

米テキサス州出身。某有名エジプト学者の弟子。1980年代より気鋭の考古学者として注目されつつあるが本名はだれも知らない。日本の歴史について探る画期的な著書『歴史を掘る』の発刊準備を進めている。

山本 勇

中学３年生。幼稚園のころにテレビの大河ドラマを見て、歴史にはまる。将来は大河ドラマに出たいと思っている。あこがれは織田信長。最近のマイブームは仏像鑑賞。好きな芸能人はみうらじゅん。

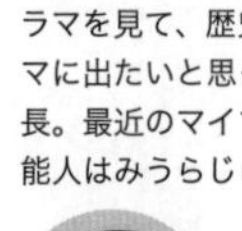

春日 静

中学１年生。カバンのなかにはつねに、読みかけの歴史小説が入っている根っからの歴女。あこがれは坂本龍馬。特技は年号の暗記のための語呂合わせを作ること。好きな芸能人は福山雅治。

身の回りにある、
知っていると
役に立つかもしれない
知識をお届け!!

サクセス印のなるほどコラム

うるう年は損か得か？

来年は2024年だからうるう年だな～。

1年がいつもより1日長いんだね！

まあね……。

あれ？　なんだかあまり嬉しくなさそうだね。

うるう年ってなんかさ、損した気分でさ……。

えっ？　逆じゃなくて？

逆って？　得した気分になるってこと？

だって、1年が1日長いんだから、得した感じがしない？

でもよく考えてよ！　お小遣いを毎月1日にもらっているとすると、2月がうるう年で1日増えると、3月のお小遣いは例年より1日長く待たないともらえないんだぞ！

そっかあ～。そう考えると、損した気分にもなるような……。

そうなんだよ。4年に一度、この気分になるんだよなあ～。

このうるう年ってやつさ、これからも4年に一度くるってこと？

うろ覚えだけど、西暦の年数が4で割りきれる年をうるう年とするけど、西暦の年数が100で割りきれる年はうるう年としない平年で、でも400で割りきれる年はうるう年とすると定められていた気がするなあ～。平年っていうのは1年が365日になる年のことだよ。

なんだって？

だから、西暦の年数が4で割りきれる年はうるう年。ただし例外として、100で割りきれる年は平年になる。でも100で割りきれて、400でも割りきれる年はうるう年ってことだよ。

ふ～ん。ていうか、なんでまたそんな複雑なことするの？

日本をはじめとして多くの国で使われている暦は「グレゴリオ暦」という暦なんだよね。

うん、なんか聞いたことがある気がする。

グレゴリオ暦で1年の平均日数を計算すると、365.2425日になるらしいんだ。1年を365日だとすると、1年で0.2425日だけ長くなるよね。これを4年繰り返すと、0.2425の4倍だから0.97日、これでおよそ1日分の時間になる。

それがうるう年？

そう！　そこで4年に1度、1日増やすことで暦のズレを調整するんだ。これがうるう年が4年に1回くる理由だね。でも実際0.97日だから4年分を合わせても1日には満たない。0.03日分のズレが生じるので、100年に一度は平年に、400年に一度はうるう年にすることで修正しているんだ。

先生、うろ覚えにしては数値が詳しすぎるね(笑)。

まあ、個人的にはうるう年があまり好きではないんだよね……。

じゃあ、最近でいうと西暦2000年は、平年かと思いきやうるう年で悲しかった？

そうなんだよ……。

8年間平年かと思ったのに違ったんだね。

いや、2000年が平年だったとしても7年だよ。8年目にうるう年がくるからさ。

即答するのはさすが先生です(笑)。でもなんでそんなに悲しかったのか……。あっ！　もしかしてお給料をもらえる日も1日遅くなるから？

バレたかあ～。そういうことだよ……(涙)。

中学生でもわかる
高校数学のススメ

高校数学では、早く答えを出すことよりもきちんと答えを出すこと、
つまり答えそのものだけでなく、答えを導くまでの過程も重視します。
なぜなら、それが記号論理学である数学の本質だからです。
さあ、高校数学の世界をひと足先に体験してみましょう！

written by
『サクセス15』編集部数学研究会

Lecture! 相加平均と相乗平均

【例題】2020年１月にオープンしたコンビニエンスストア。最初の１年間（2020年１月〜2020年12月）の売上を１とすると、翌年１年間（2021年１月〜2021年12月）の売上は最初の年の２倍に。次の１年間（2022年１月〜2022年12月）は、前の年の８倍もの売上をあげた。ここ２年間の売上増加率の平均を求めよ。

みなさんが使っている平均は、下のようなイメージだと思います。
【問題１】10点満点のテストにおいて５回の結果が以下のようになった。

回数	１回目	２回目	３回目	４回目	５回目
得点（点）	10	9	7	4	5

このテストの平均点を求めよ。
（答え）$(10+9+7+4+5)\times\frac{1}{5}=7$　つまり7点です。

これを高校数学では“相加平均”といいます。じつは平均の求め方には色々あって、普段使用している平均はこの相加平均です。
そこで例題について考えます。単純に２倍と８倍の平均で$(2+8)\times\frac{1}{2}=5$
「増加率の平均が５倍！」というわけにはいきません。なぜなら、平均が５倍ならば、２年間で５倍×５倍＝25倍になってしまいます。そこで……。

> a倍とb倍の平均は$\sqrt{a\times b}=\sqrt{ab}$倍
> これを“相乗平均”という（ただし、$a>0$, $b>0$）

２倍と８倍の平均は相乗平均なので、$\sqrt{2\times8}=\sqrt{16}=$**4倍**です。

今回学習してほしいこと

> かけ算の平均を相乗平均といい、a倍とb倍の平均は$\sqrt{ab}$倍
> （ただし、$a>0$, $b>0$）

さあ、早速練習です！　左ページに上級、中級、初級と３つのレベルの類題を出題していますので、チャレンジしてみてください。

練習問題

上級

$a>0$, $b>0$, $a \neq b$のとき、
aとbの相加平均と相乗平均はどちらが大きいですか。

中級

Aくんが、あるゲームを４回行ったところ、
１回目10点、２回目20点、３回目80点、４回目640点とめざましい発展を遂げました。
１回目から４回目までの得点上昇率の平均を求めなさい。

初級

3と27の相乗平均を求めなさい。

解答・解説は次のページへ！

解答・解説

上級

$a>0,\ b>0,\ a \neq b$のとき、aとbの相加平均と相乗平均はどちらが大きいか……、実際に数値を入れて試してみましょう。

$a=4,\ b=9$とすると
相加平均は$(4+9)\times\frac{1}{2}=\frac{13}{2}$
相乗平均は$\sqrt{4\times9}=\sqrt{36}=6$
どうやら相加平均の方が大きいようです。
それでは、それを証明してみましょう。

相加平均－相乗平均$=\frac{1}{2}(a+b)-\sqrt{ab}$
$=\frac{1}{2}(a+b-2\sqrt{ab})$
$=\frac{1}{2}(\sqrt{a}-\sqrt{b})^2>0$
よって、相加平均＞相乗平均になりますから、**相加平均**の方が相乗平均より大きくなることがわかります。
なお、今回の相乗平均は高校２年生で学習する範囲になります！

答え　**相加平均の方が大きい**

中級

１回目→２回目が２倍
２回目→３回目が４倍
３回目→４回目が８倍
この３つの上昇率の平均ですから、相乗平均です。

しかし、３回のかけ算の平均ですから以下のイメージです。
2×4×8＝□×□×□

□には同じ数字が入ります。
つまり、64＝□×□×□
ですから、□＝4です。

よって、得点上昇率の平均は**4倍**です。

答え　4倍

初級

かけ算の平均を相乗平均といい、a 倍と b 倍の平均は$\sqrt{ab}$なので、
$\sqrt{3\times27}=\sqrt{81}=9$

相乗平均は **9** になります。

答え　9

知覚の手段の奥深さを知り 世界を広げる

今月の1冊

『「よく見る人」と「よく聴く人」 共生のためのコミュニケーション手法』

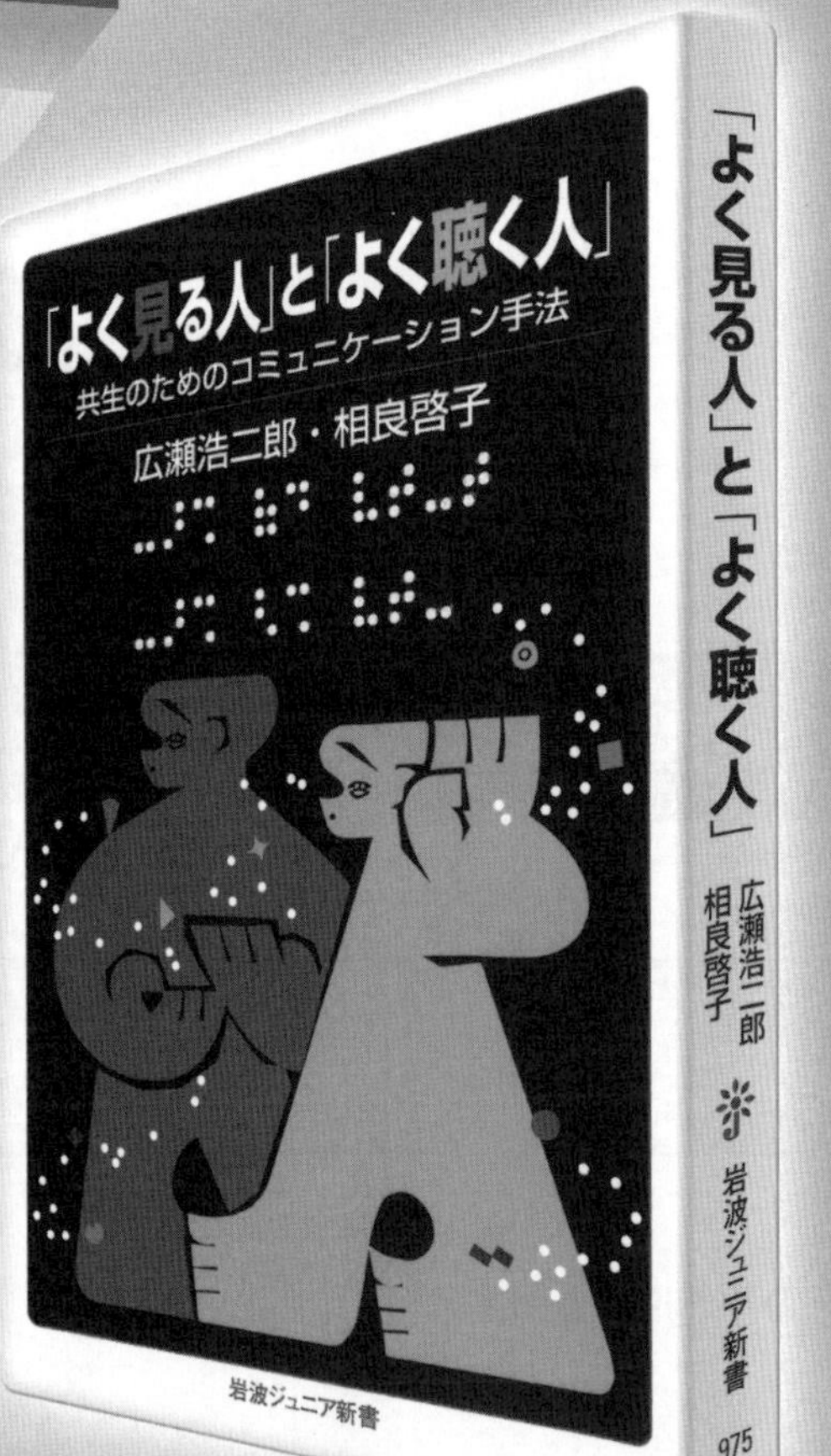

著者／広瀬浩二郎・相良啓子
刊行／岩波書店
価格／1034円（税込）

まず、著者の経歴を紹介したい。広瀬浩二郎氏は京都大学の出身で、同大学で博士号を取得。現在は国立民族学博物館の人類基礎理論研究部の教授を務め、同施設の様々な展示企画にも携わっている。

相良《さがら》啓子氏は筑波大学大学院で学んだのち、イギリスでM.Phil.（海外の一部の大学で取得できる、博士号と修士号の間の学位）を取得。帰国後に総合研究大学院大学で博士号を取得し、現在は広瀬氏と同じ国立民族学博物館で、特任助教として活動している。

2人とも、日本の文化人類学分野の研究を引っ張っていく存在であることがわかるだろう。では、別の角度からもさらに紹介を続ける。

広瀬氏は小5・6で視力が低下し始め、13歳のときに全盲となる。相良氏は短大生だった19歳の冬、スキーの授業に出かけた先でめまいを起こし、それがきっかけで聴力を失っている。タイトルが示す「よく見る人」と「よく聴く人」とはまさしく、著者2人のことなのだ。

結びの章の対談で、広瀬氏が『障害とは何なのか、この本を読んで、よくわからなくなった』という感想が寄せられることを期待している」と述べているように、両者の人生は障害があることを感じさせないほどたくましく、研究者になるまでを描いた記録として、読みごたえがある。

もちろん、見えないこと、聴こえないこと（つまりは「五感」を使えないこと）による苦労もあるのだが、2人は「5－1＝6」になるという意識のもと、それぞれの手法で人とかかわり、積極的に「世界」と触れあっている。

第5章に、「（晴眼者も全盲者も）使っている触覚の割合が異なるだけ」という一文が出てくる。もしいま、言葉が通じず、まったく文化の違う環境に放り込まれたら、キミはどうするだろう。きっと、身振り手振りを使ったり、相手の言うことに耳を傾けたりして、なんとか意思疎通を図ろうとするのではないか。コミュニケーションのための適切な「試行錯誤」ができることこそ、共生社会を歩むために必要となる力なのだ。

耳より ツブより 情報とどきたて

シェアサイクル 住宅街にも続々と進出

住宅街のスーパー近くに設置されたシェアサイクルの小規模サイクルポート（東京都小金井市／撮影・本誌）

「スマホアプリ」と「電動」で人気に

自分用の自転車を持っているであろう中学生のみなさんの興味は、いまひとつかもしれませんが、ほかの人と自転車をシェア（共有）し、必要なタイミングで自転車を使うことができる「シェアサイクル」の利用が広がっています。

これまでの普及は、東京でいえば都心のオフィス街が中心でしたが、このところ住宅街にサイクルポート（以下、ポート＝駐輪場）が設置されているのを見かけることが多くなりました。

大型スーパーやホームセンターの駐車場の一角にポートがあり、「ちょっと駅まで」というご近所さんのニーズをしっかりとつかまえています。コロナ禍で、密になりやすいバス移動などを避ける動きが広がったことも利用を促した一因です。

シェアサイクルの仕組みは以前からありましたが、街の自転車屋さんや有料駐輪場が、時間制・現金で貸し出すのが主流でした。

最近の普及をあと押ししたのは、スマートフォン（以下、スマホ）と電動自転車の登場です。

オフィス街での契約は法人が多く、多くの社員が共同利用するため専用のICカードを貸し借りしながら、自転車の鍵を開錠して使用するスタイルが一般的でした。

その後、スマホが普及したことから、スマホの専用アプリで、事前に借りる自転車を予約できるようになり、また予約をしていなくても、ポートに自転車があればスマホをかざして、即、借りられるようにもなりました。

さらにシェアサイクルでは電動自転車が「当たり前」のレンタル車両になっています。

未だに電動自転車を購入するのは高価です。１回借りるのに130円ほどのシェアサイクルとは比べものになりません。

また、坂道に強い電動自転車に「１度乗ってみたかった」という多くの主婦が、住宅街での契約者として手をあげたのです。

複数のポートで自転車の乗り降りができることも魅力の１つです。自宅近くのポートで借りて、駅のポートで乗り捨ててもよく、「借りたところに返却する」従来の方法とは、手軽さで勝っていたのです。

さらなる普及には課題もある

環境にも優しいシェアサイクルはいいことづくめのようですが、将来性を考えると課題もあります。

まず、あげられるのがポート不足です。高価な賃料が生じる場所にポートを設置するのはコスト面で無理があります。いま、自治体との交渉で、公共施設や公園への設置が検討されています。

また、返却先が自由なため、自転車の過度な集中が見られるポートもめだつようになっています。

事業者はトラックで巡回し、自転車の再配置を行っていますが、１日に何度も回らなければならないポートも出てきているとのこと。また、バッテリーの交換や自転車の修理に費やすコストもかさむようです。

住宅街ではトラックが入れない場所もあり、巡回に人手がかかっているともいいます。

いま人気のシェアサイクル、課題を克服してみんなの足を助け続けてほしいですね。

今月号の問題

立体パズル

透明なプラスチックでできた立方体の箱が27個あり、そのうちの何個かの箱のなかにはボールが入っています。これら27個の立方体を縦・横３列、高さ３段に積み、大きな立方体を作りました。この大きな立方体を３方向から見たら、下の図のように見えました。

（正面から見た図）

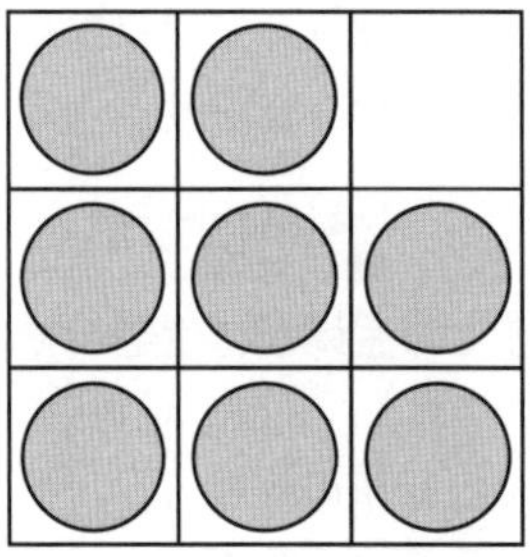

（上から見た図）

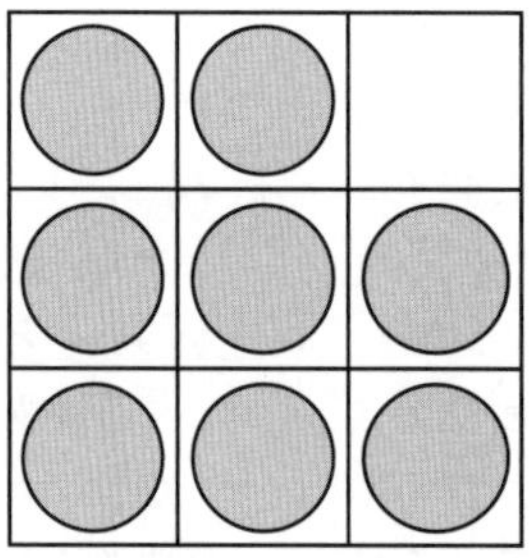

（右側面から見た図）

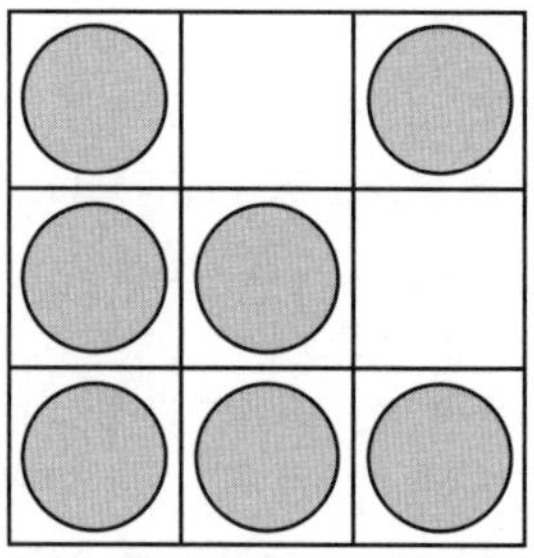

このとき大きな立方体に入っているボールの個数として考えられる最大の個数と最小の個数との差は、次のア〜エのうちのどれでしょうか？

ア　6個　　イ　8個　　ウ　10個　　エ　12個

応募方法

下のQRコードまたは104ページからご応募ください。

◎正解者のなかから抽選で右の「**ペン磁ケシ**」をプレゼントいたします。

◎当選者の発表は本誌2024年４月号誌上の予定です。

◎**応募締切日 2023年12月15日**

今月のプレゼント！

消しクズを磁石で集められる消しゴム

クツワの「ペン磁ケシ」は、鉄粉入りの消しゴムが内蔵されたペン型消しゴム。キャップ部分がマグネットになっており、机に散らばった消しクズを磁石の力でササッと集められます。集めた消しクズは、キャップのつまみを押すとポロっと落ちます。こまめに集めてティッシュペーパーにまとめれば、きれいな机を維持できること間違いなし！　ペン型なので、細かい字をきれいに消すことができるのも魅力です。

8月号の答えと解説

解答 日進月歩

8月号の問題

「安全性」や「可能性」などのように、「○○性」という三字熟語を集めてみました。それぞれのヒントを参考に、リストの漢字を○に当てはめて16個の「○○性」を完成させましょう。ただし、「心配性」のように「～しょう」と読む場合もあります。

最後に、リストに残った4つの漢字でできる四字熟語を答えてください。

① ○○性 （外からの刺激や印象を深く感じ取れる性質）
② ○○性 （その現象が一時的ですぐに消えること）
③ ○○性 （信頼することができる度合）
④ ○○性 （人の真似ではなく、独自の考えで物事を作り出す能力）
⑤ ○○性 （人が欲している量に比べて、利用可能な量が少ない状態）
⑥ ○○性 （自分の意志・判断で行動しようとする態度）
⑦ ○○性 （コウモリやフクロウなどのように、夜間に活動する性質）
⑧ ○○性 （けちけちしていて、ゆとりがない）
⑨ ○○性 （ある行為が法律上許されないこと）
⑩ ○○性 （これから先、発展・成功するだろうという見込み）
⑪ ○○性 （空気を通す性質）
⑫ ○○性 （生まれつき備わっている性質）
⑬ ○○性 （意見の違う人とも互いに協力しあう能力）
⑭ ○○性 （水に溶ける性質）
⑮ ○○性 （物事がはっきりとした形を持っている）
⑯ ○○性 （広く社会一般の利害にかかわる性質）

【リスト】

違	一	過
感	希	気
共	協	具
月	公	行
主	受	将
少	信	進
水	先	創
体	体	調
通	天	独
日	貧	歩
法	乏	夜
溶	来	憑

解説

①～⑯の熟語は下の通りで、リストには「月」「進」「日」「歩」の4つの漢字が残ります。

① 感受性	② 一過性	③ 信憑性	④ 独創性
⑤ 希少性	⑥ 主体性	⑦ 夜行性	⑧ 貧乏性
⑨ 違法性	⑩ 将来性	⑪ 通気性	⑫ 先天性
⑬ 協調性	⑭ 水溶性	⑮ 具体性	⑯ 公共性

「日進月歩」は、「日に日に、絶えず進歩する」という意味で、「AI（人工知能）は日進月歩の勢いで進化を続けている」などと使います。同じような意味の言葉に「日就月将（にっしゅうげっしょう）」、反対の意味の言葉に「旧態依然（きゅうたいいぜん）」があります。

問題にある三字熟語のなかでは、③の「信憑」は「しんぴょう」と読み、信頼という意味です。⑤の「希少性」の「希」は、ここでは「めったにない」「まれ」という意味を表します。⑧の「貧乏性」は「びんぼうせい」ではなく「びんぼうしょう」で、生まれつきの性質という意味の「性分（しょうぶん）」と同じ読みになります。

8月号パズル当選者（全応募者28名）

小宮山 莉菜さん（埼玉県・中2）　冨澤 優太さん（埼玉県・中2）
山田 航輝さん（東京都・中1）　吉田 結衣さん（神奈川県・中3）　吉田 真梨さん（千葉県・小6）

夢が広がる高校選びの情報満載！

Success15

12月号

表紙：早稲田実業学校高等部

FROM EDITORS 編集室から

秋・増刊号に引き続き、今号もカラーでお送りしている「なぜなに科学実験室」。12月号にふさわしい雪だるまが登場しています。解説を読んで納得はするものの、見れば見るほど不思議で仕方がない、というのが個人的な感想でした。そうした不思議に出会うたび、「学生時代にもう少し理科の勉強に力を入れておいてもよかったかな……」と思ってしまいます。みなさんも、いまあまり興味がないという科目であっても、この先興味が出てくることもあるかもしれません。

取材でお会いする先生方がおっしゃる「土台となる幅広い分野の知識を身につけることが大切」の言葉を実感する日々です。（S）

Next Issue 2月号

Special

高校に入ったらなにをする？

研究室にズームイン

Special School Selection

私立高校WATCHING

公立高校WATCHING

突撃スクールレポート

ワクワクドキドキ 熱中部活動

※特集内容および掲載校は変更されることがあります。

Information

『サクセス15』は全国の書店にてお買い求めいただけますが、万が一、書店店頭に見当たらない場合は、書店にてご注文いただくか、弊社販売部、もしくはホームページ（104ページ下記参照）よりご注文ください。送料弊社負担にてお送りします。定期購読をご希望いただく場合も、上記と同様の方法でご連絡ください。

Opinion, Impression & ETC

本誌をお読みになられてのご感想・ご意見・ご提言などがありましたら、104ページ下記のあて先より、ぜひ当編集室までお声をお寄せください。また、「こんな記事が読みたい」というご要望や、「こういうときはどうしたらいいの」といったご質問などもお待ちしております。今後の参考にさせていただきますので、よろしくお願いいたします。

サクセス編集室 お問い合わせ先

TEL : 03-5939-7928　FAX : 03-3253-5945

今後の発行予定

2024年1月15日	2024年7月15日
2024年2月号	2024年8月号
2024年3月15日	2024年9月15日
2024年4月号	2024年10月号
2024年5月15日	2024年10月15日
2024年6月号	秋・増刊号

FAX送信用紙

※封書での郵送時にもコピーしてご使用ください。

100ページ「立体パズル」の答え

氏名

学年

住所（〒　　－　　）

電話番号

（　　　）

現在、塾に

通っている　・　通っていない

通っている場合

塾名

（校舎名　　　）

面白かった記事には○を、つまらなかった記事には×をそれぞれ３つずつ（　）内にご記入ください。

（　）04 Special School Selection 早稲田実業学校高等部
（　）14 公立高校WATCHING 神奈川県立柏陽高等学校
（　）18 ワクワクドキドキ　熱中部活動 芝浦工業大学附属高等学校 電子技術研究部
（　）22 突撃スクールレポート 日本大学豊山女子高等学校
（　）25 なぜなに科学実験室
（　）30 知っておきたいこれからの授業 AIで変わりゆく学校教育
（　）36 受験生のための明日へのトビラ
（　）38 スクペディア 東京成徳大学高等学校
（　）39 スクペディア 豊南高等学校
（　）40 レッツトライ！　入試問題
（　）52 知って得するお役立ちアドバイス！
（　）58 帰国生が活躍する学校 慶應義塾湘南藤沢高等部
（　）60 中学生の未来のために！ 大学入試ここがポイント
（　）62 東大入試突破への現代文の習慣
（　）66 頑張れ高校受験生！ 今の努力を未来に生かそう —大学受験を見据えた学習の進め方—国語
（　）72 東大生リトの とリトめのない話
（　）74 キャンパスデイズ十人十色
（　）78 マナビー先生の最先端科学ナビ
（　）85 for中学生 らくらくプログラミング
（　）86 中学生のための経済学
（　）88 中学生の味方になる子育て 楽しむ 伸びる 育つ
（　）89 ピックアップニュース！
（　）90 思わずだれかに話したくなる 名字の豆知識
（　）92 ミステリーハンターＱの タイムスリップ歴史塾
（　）93 サクセス印のなるほどコラム
（　）94 中学生でもわかる 高校数学のススメ
（　）98 Success Book Review
（　）99 耳よりツブより情報とどきたて
（　）100 解いてすっきり パズルでひといき

FAX.03-3253-5945

FAX番号をお間違えのないようお確かめください

サクセス15の感想

高校受験ガイドブック2023 12　Success15

発　行：2023年11月17日 初版第一刷発行
発行所：株式会社グローバル教育出版　〒101-0047 東京都千代田区内神田2-4-2 一広グローバルビル3F
ＴＥＬ：03-3253-5944
ＦＡＸ：03-3253-5945
Ｈ　Ｐ：https://success.waseda-ac.net/
e-mail：success15@g-ap.com

郵便振替口座番号：00130-3-779535
編　　集：サクセス編集室
編集協力：株式会社 早稲田アカデミー

【個人情報利用目的】ご記入いただいた個人情報は、プレゼントの発送およびアンケート調査の結果集計に利用させていただきます。